棋逢對手

LES MEILLEURS ENNEMIS

中東與美國恩仇錄

Une histoire des relations entre les États-Unis et le Moyen-Orient

3

1984～2013

尚一皮耶·菲柳◎著　大衛·B◎繪
Jean-Pierre Filiu & David B.
朱怡康◎譯

作者｜**尚－皮耶·菲柳**（**Jean-Pierre Filiu**）

尚－皮耶·菲柳為巴黎政治大學國際事務學院的中東研究教授，身兼歷史學家及阿拉伯事務專家。他曾擔任紐約哥倫比亞大學及華盛頓喬治城大學訪問教授，並應多所美國大學及智庫之邀發表演講，其中包括哈佛大學甘迺迪學院及詹姆斯·貝克公共政策研究中心。2011年，他的《伊斯蘭天啟觀》（*Apocalypse in Islam*）由加州大學出版，為探討伊斯蘭末世論及其當代敘事的深度之作，並獲法國重要獎項Augustin-Thierry肯定。

在2006年獲聘任教巴黎政治大學之前，菲柳長期擔任職業外交官。他先派駐約旦及美國擔任基層官員，後出任法國駐敘利亞（1996–1999）及突尼西亞（2002–2006）副大使。他也曾擔任外交顧問，為法國內政部（1990–1991）、國防部（1991–1993）及總理（2000–2002）提供諮詢。2013年，歐蘭德（François Hollande）總統任命十位獨立專家撰寫國防及安全白皮書，菲柳也是其中之一。

菲柳著書約十本，其中包括《阿拉伯革命：民主起義的十堂課》（*The Arab Revolution, ten lessons from the democratic uprising*）（在英美兩國分別由C. Hurst & Co.和牛津大學出版社出版），關於阿拉伯之春何以導致突尼西亞及埃及總統下台，這是第一本嘗試提出解釋的學術書籍。菲柳之前的研究聚焦於伊斯蘭對全球化現代性的多方調適，他也討論過地區性及全球性聖戰的衝突辯證關係。他特別強調基進運動如何「現代化」傳統概念，為它們賦予以往不見於伊斯蘭的嶄新意義（例如哈里發國）。他的作品已以十種語言出版及／或翻譯。

Jean-Pierre Filiu

繪者｜**大衛·B**（**David B.**）

「大衛·B」是法國漫畫家及作家皮耶－方索瓦·「大衛」·布夏（Pierre-François "David" Beauchard）的筆名，他曾獲艾斯納（Eisner）漫畫獎提名，1990年與人合創「協會」出版社（L'Association），這個知名的獨立漫畫出版社由新世代漫畫家組成，不以營利為目的，而著重於作品主題與藝術形式的探索與交流。大衛·B最有名的漫畫作品，是描述哥哥癲癇症對家族關係之影響的《癲癇》（*Epileptic*）。

David B.　Photo©Didier Gonord

譯者｜**朱怡康**

專職譯者，守備範圍以宗教、醫療、政治與科普為主。譯有《二十一世紀生死課》、《漫畫哲學之河》、《漫畫心理學》、《人性較量：我們憑什麼勝過人工智慧？》、《自閉群像：我們如何從治療異數，走到接納多元》、《偏見地圖1：繪製成見》、《偏見地圖2：航向地平線》、《塔木德精要》等書。其他歷史、科普譯作散見於《BBC知識》月刊。

臉書專頁「靈感總在交稿後」：www.facebook.com/helpmemuse

本冊敘述1990到2013年這段混亂時期，起於伊拉克入侵科威特，結束於歐巴馬決定不干預敘利亞內戰，述及第一次波灣戰爭、蓋達組織崛起、對九一一攻擊的軍事回應，以及敘利亞當前的衝突。敘事以四任美國總統及其中東對手的衝突為軸線，前者包括老布希、柯林頓、小布希和歐巴馬，另一方則是沙達姆．海珊、奧薩瑪．賓拉登和巴夏爾．阿賽德，橫跨中東三十年衝突與外交史，對我們當前面對的民粹主義崛起、「伊斯蘭國」得勢到全球難民危機，都提供了深入淺出的引介。

1	2
3	4
5	6

＊圖像欄位閱讀順序為：
每頁由左而右，
再由上而下。

新秩序
伊拉克 1990-1991
雷根自1981至1989年發動新「冷戰」，但美國在中東沒拿到多少好處。
…

反倒在黎巴嫩被狠狠羞辱。

兩伊戰爭期間，美國立場搖擺，一邊用軍火與伊朗祕密交易（後來事件爆發，即伊朗門事件）……
……一邊派倫斯斐出使巴格達，支持「反革命」的海珊政權。
新冷戰讓蘇聯元氣大傷，不只在阿富汗灰頭土臉，在軍備競賽上也被拋在後頭。

1989年1月，喬治·布希就任美國總統。其後兩年，先是蘇聯自阿富汗撤軍，後是柏林圍牆被拆毀，老布希跟著沾光。
保守派雞犬升天，掌握大權。這些人其實重視秩序勝於意識形態。
詹姆斯·貝克統領國務院。
迪克·錢尼執掌國防部。
科林·鮑威爾出任參謀長聯席會議主席。
對波斯灣局勢，他們的原則是……
……在伊朗和伊拉克之間當蹺蹺板。
這叫「雙重圍堵」。

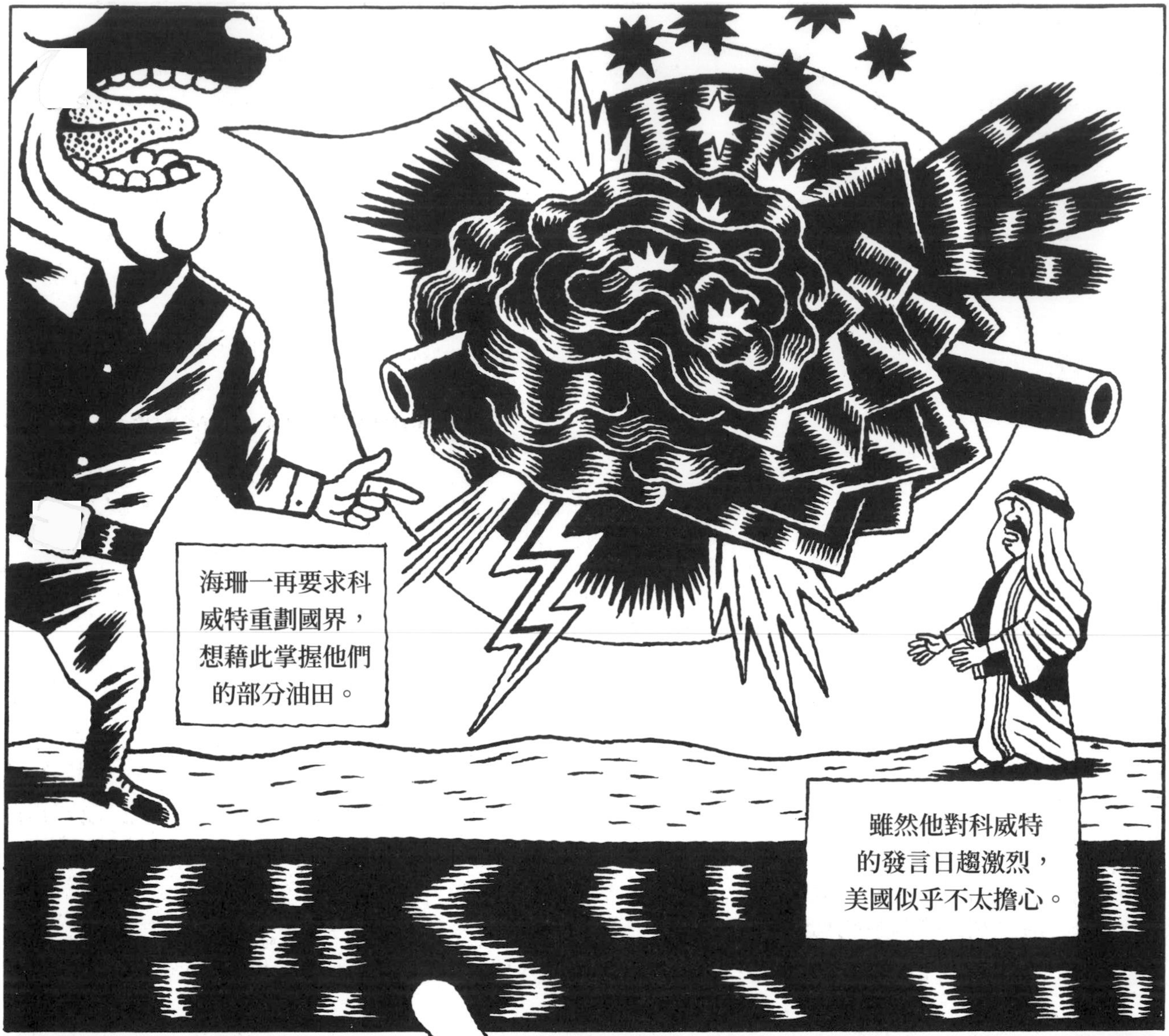
海珊一再要求科
威特重劃國界，
想藉此掌握他們
的部分油田。
雖然他對科威特
的發言日趨激烈，
美國似乎不太擔心。

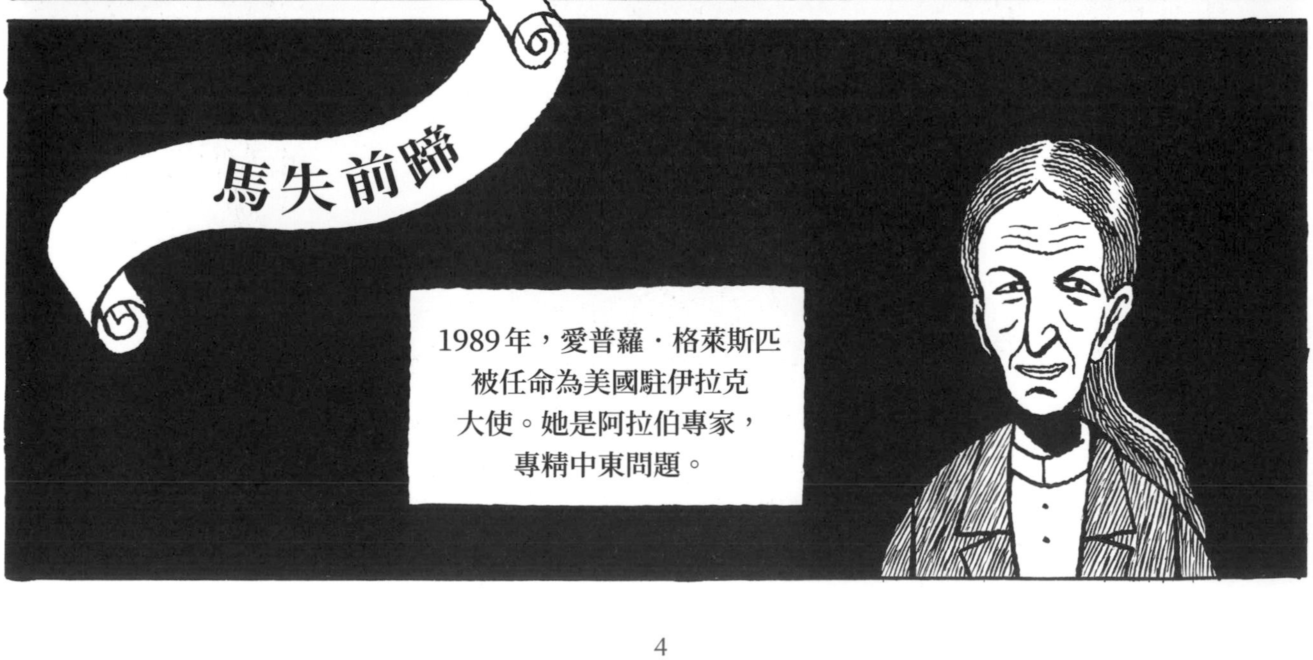
馬失前蹄
1989年，愛普蘿．格萊斯匹
被任命為美國駐伊拉克
大使。她是阿拉伯專家，
專精中東問題。

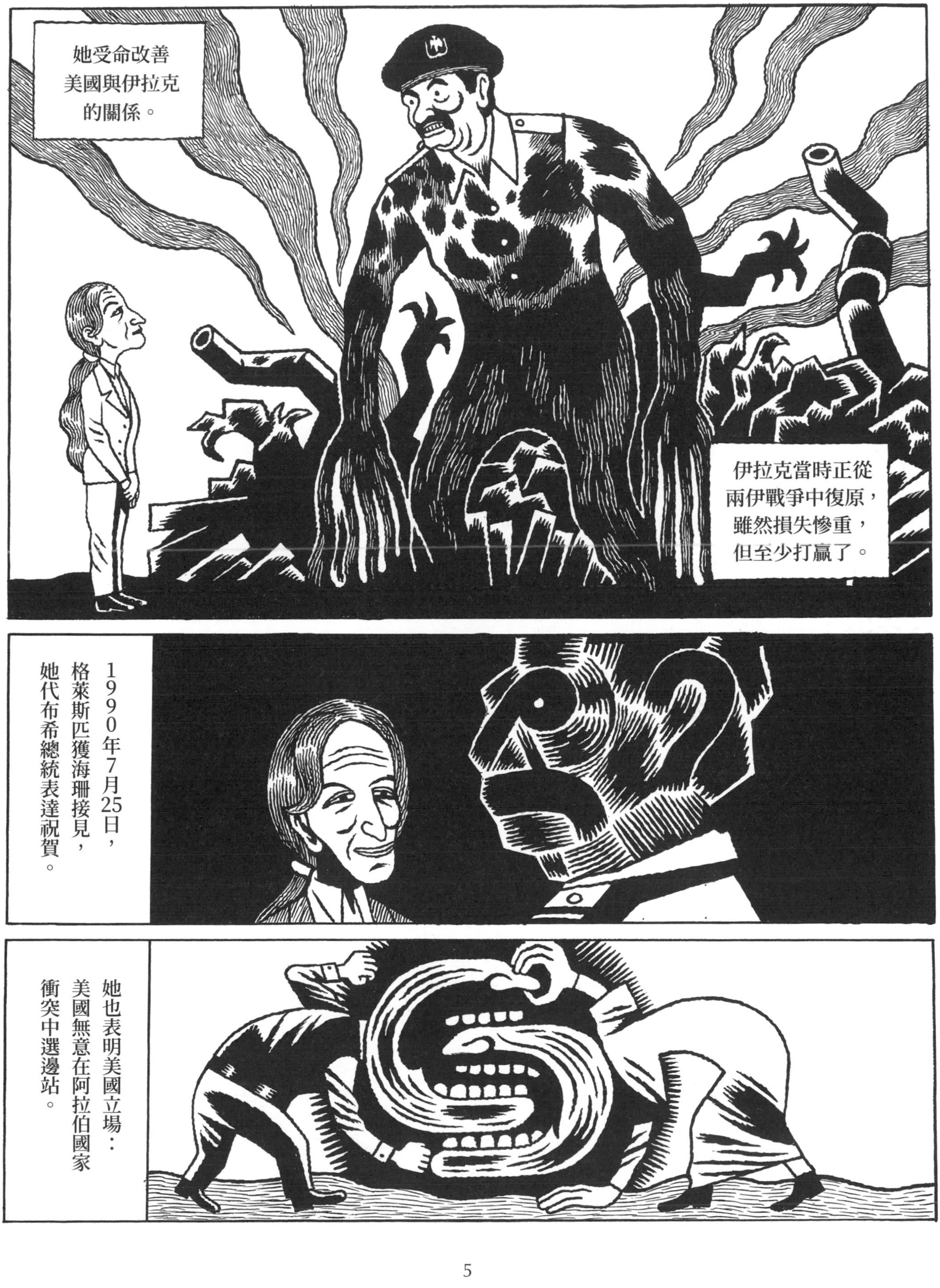
她受命改善美國與伊拉克的關係。
伊拉克當時正從兩伊戰爭中復原，雖然損失慘重，但至少打贏了。
1990年7月25日，格萊斯匹獲海珊接見，她代布希總統表達祝賀。
她也表明美國立場：美國無意在阿拉伯國家衝突中選邊站。

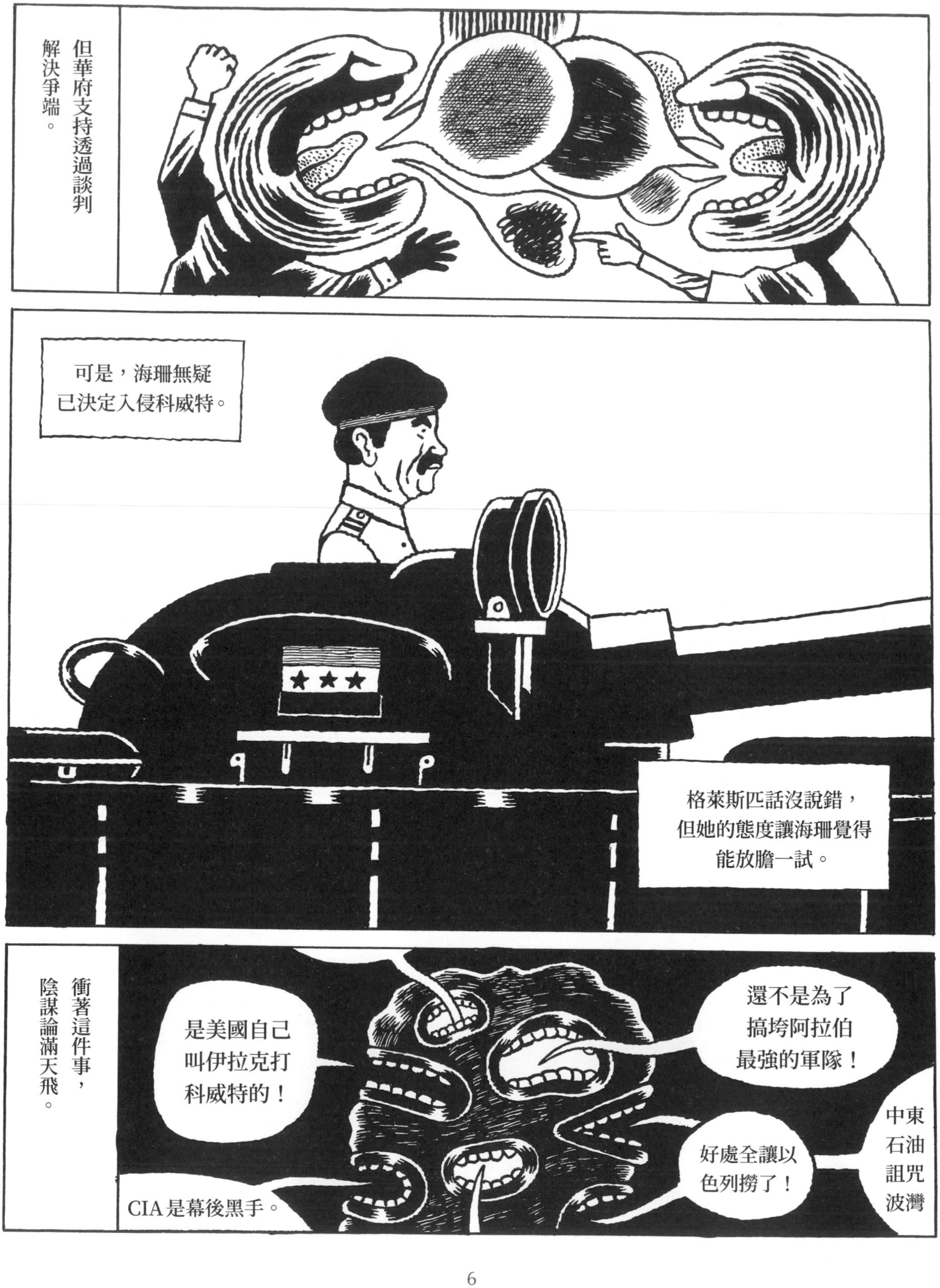
但華府支持透過談判解決爭端。
可是，海珊無疑已決定入侵科威特。
格萊斯匹話沒說錯，但她的態度讓海珊覺得能放膽一試。
衝著這件事，陰謀論滿天飛。
是美國自己叫伊拉克打科威特的！
還不是為了搞垮阿拉伯最強的軍隊！
好處全讓以色列撈了！
中東石油詛咒波灣
CIA是幕後黑手。

戰爭爆發
8月2日，伊拉克軍隊
入侵科威特，四小時內
便壓制了所有抵抗。

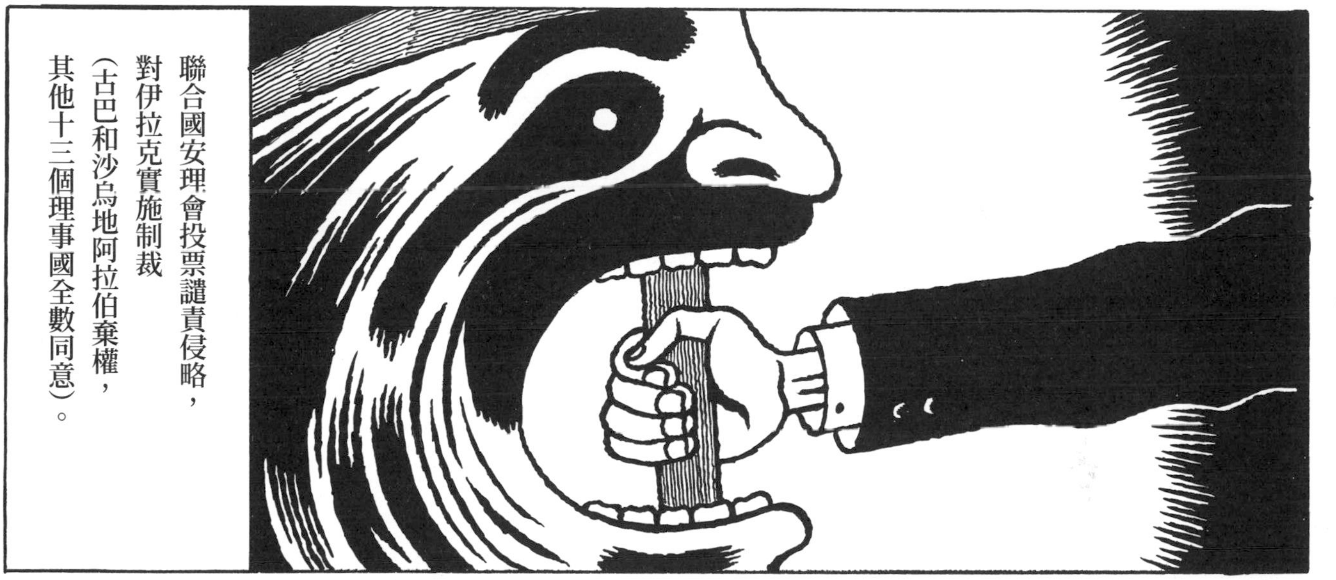
聯合國安理會投票譴責侵略，
對伊拉克實施制裁
（古巴和沙烏地阿拉伯棄權，
其他十三個理事國全數同意）。

布希總統急著要擋下海珊，
阻止他進一步進犯沙烏地阿拉伯。
他立刻著手抵抗伊拉克。

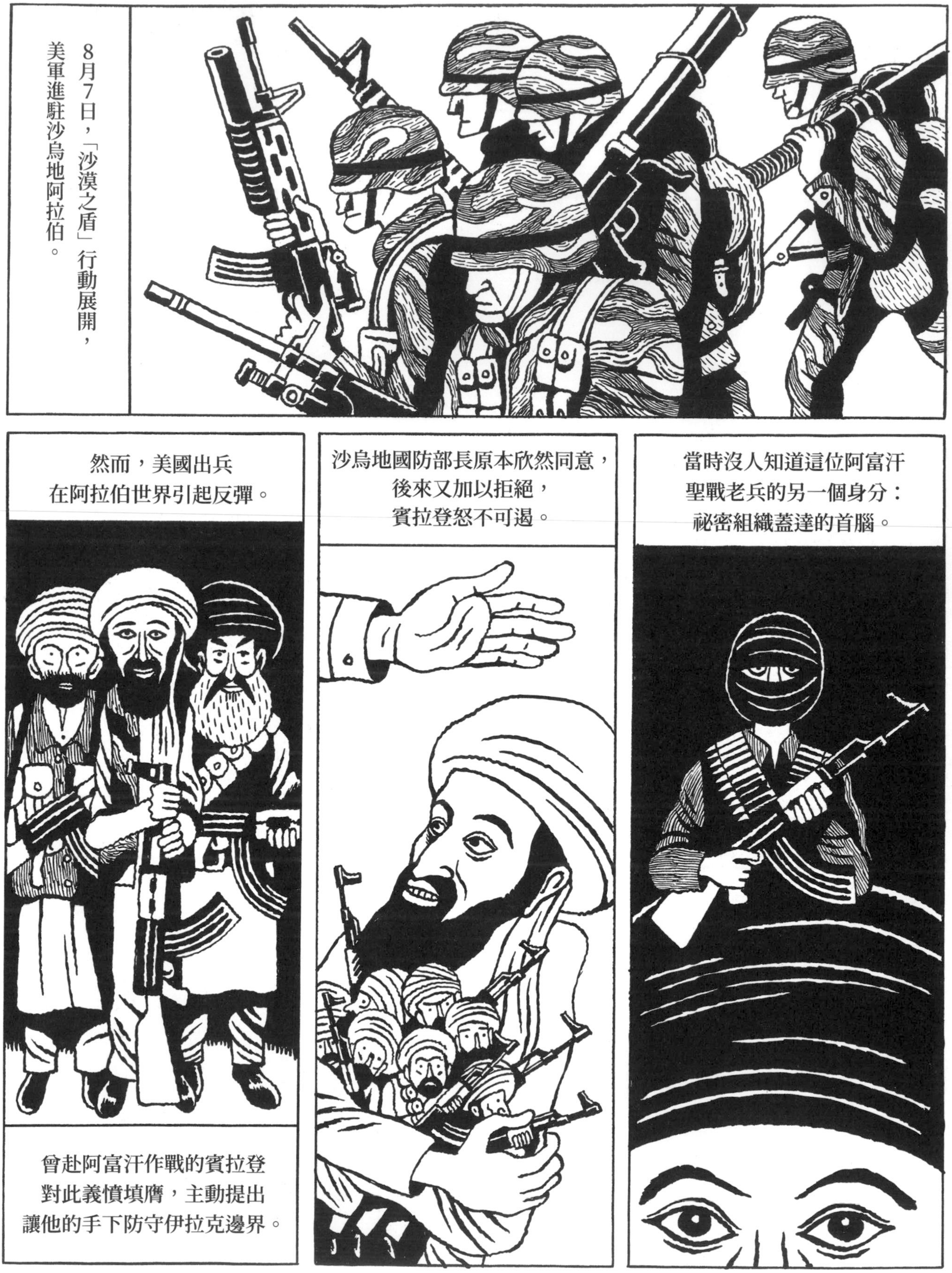
8月7日，「沙漠之盾」行動展開，
美軍進駐沙烏地阿拉伯。
然而，美國出兵
在阿拉伯世界引起反彈。
曾赴阿富汗作戰的賓拉登
對此義憤填膺，主動提出
讓他的手下防守伊拉克邊界。
沙烏地國防部長原本欣然同意，
後來又加以拒絕，
賓拉登怒不可遏。
當時沒人知道這位阿富汗
聖戰老兵的另一個身分：
祕密組織蓋達的首腦。

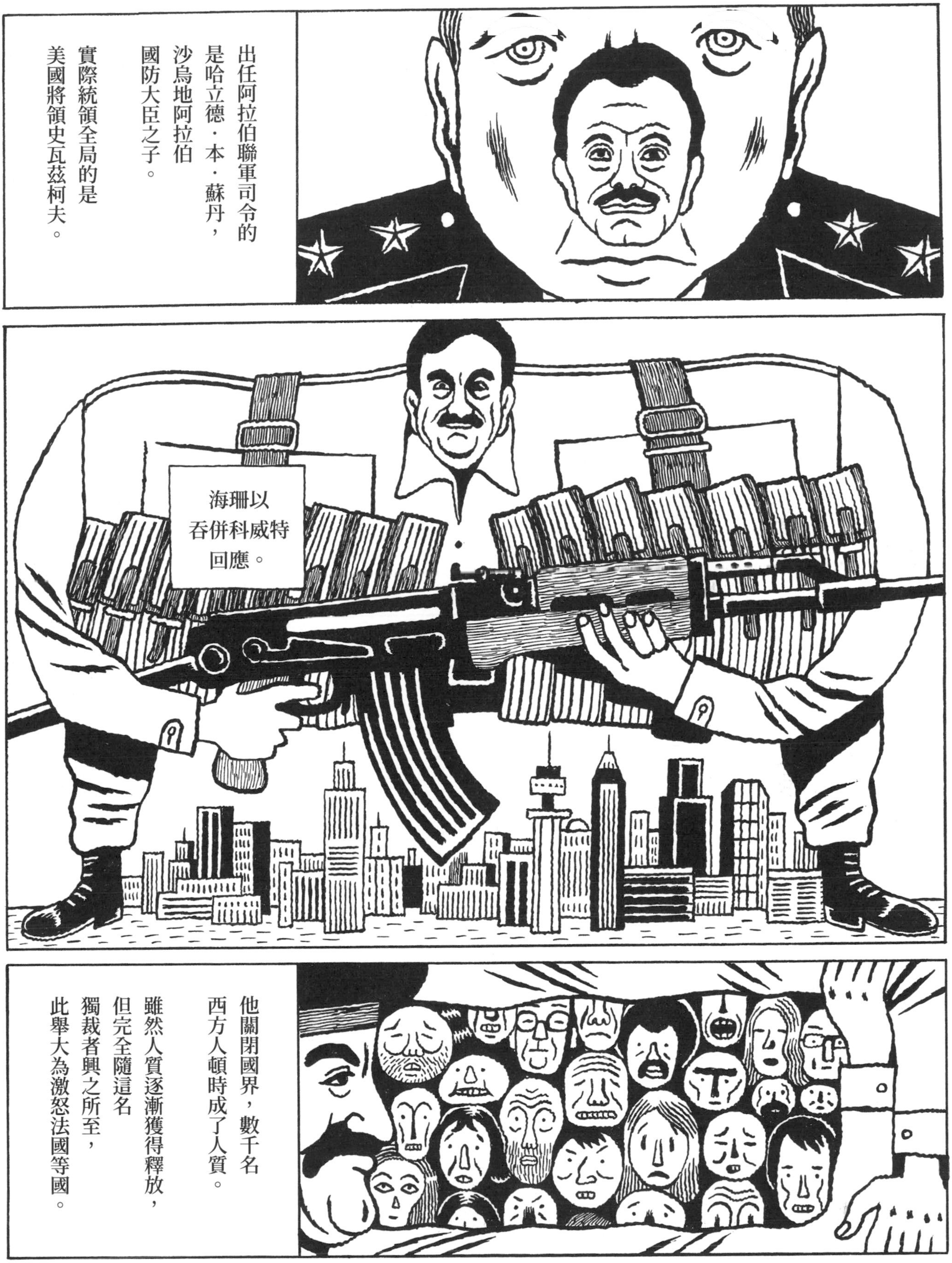
出任阿拉伯聯軍司令的
是哈立德·本·蘇丹，
沙烏地阿拉伯
國防大臣之子。
實際統領全局的是
美國將領史瓦茲柯夫。
海珊以
吞併科威特
回應。
他關閉國界，數千名
西方人頓時成了人質。
雖然人質逐漸獲得釋放，
但完全隨這名
獨裁者興之所至，
此舉大為激怒法國等國。

多國聯盟漸漸在喬治·布希和白宮幕僚長詹姆斯·貝克手中成形。
華府與波斯灣各個阿拉伯政權溝通。
埃及、摩洛哥和敘利亞主動選擇加入同盟。
作為交換條件，美國容許敘利亞對奧恩將軍出手，撲滅他在黎巴嫩發起的「解放戰爭」。
阿拉伯世界到處湧現抗議人潮。
海珊被當成挺身對抗西方霸權和石油國王室的英雄。

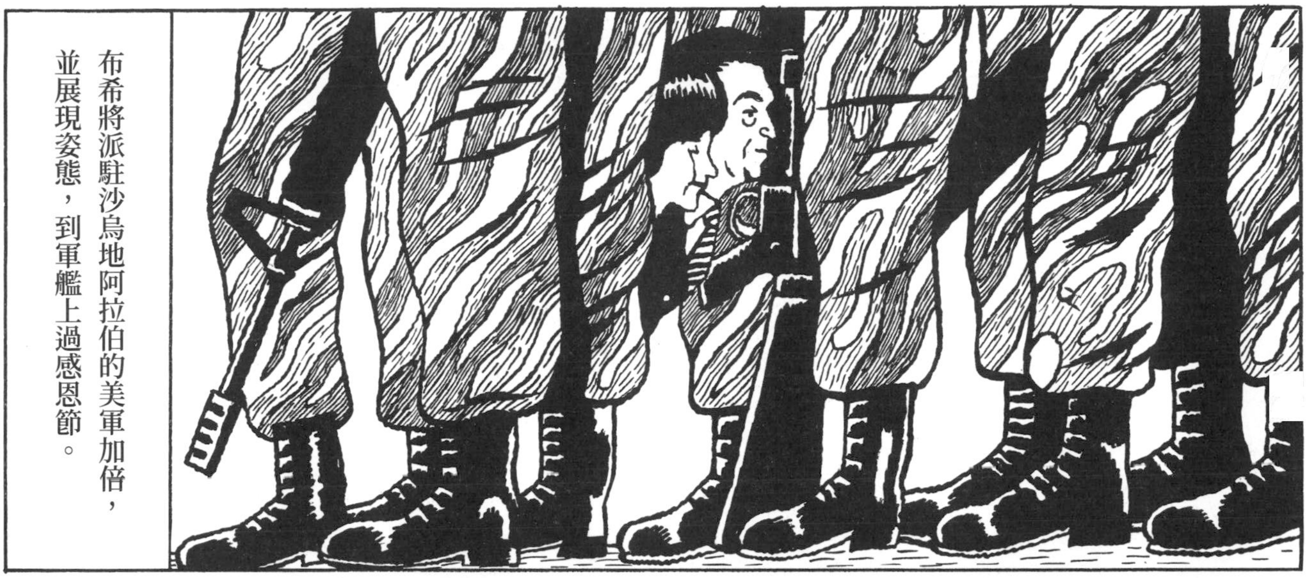
布希將派駐沙烏地阿拉伯的美軍加倍，
並展現姿態，到軍艦上過感恩節。

詹姆斯・貝克說服
聯合國安理會通過
第678號決議。
如果科威特到1991
年1月15日仍未獲自
由，這項決議將是盟
軍動武的法律依據。

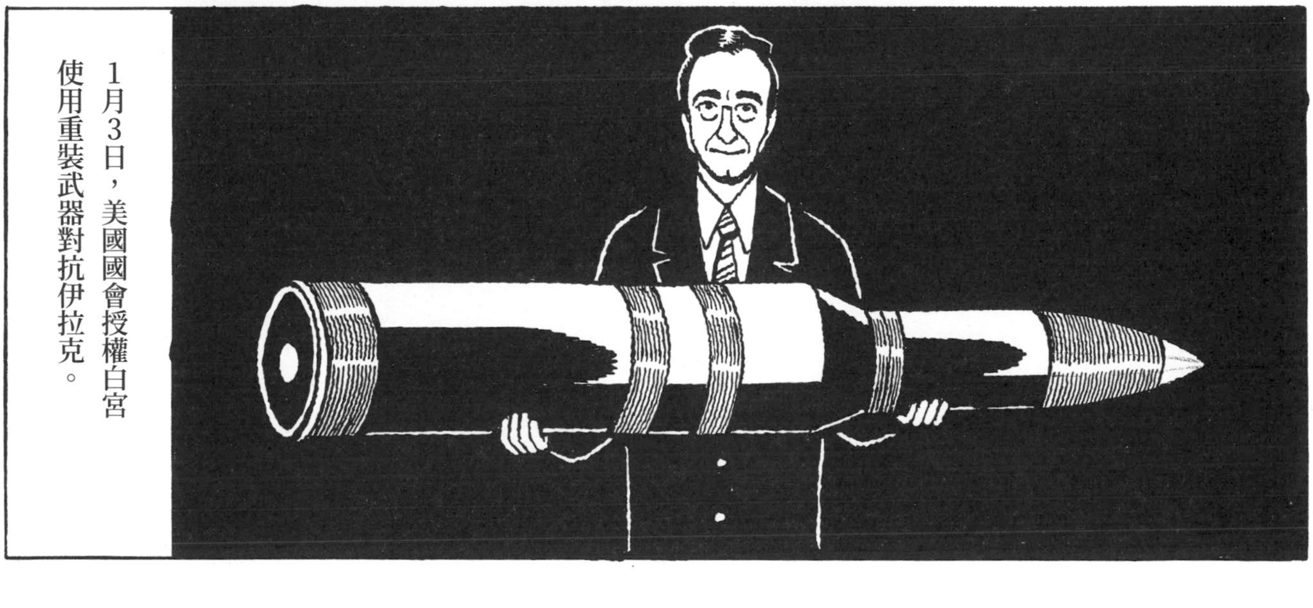
1月3日，美國國會授權白宮
使用重裝武器對抗伊拉克。

1991年1月9日，貝克與伊拉克外長塔里克·阿齊茲在日內瓦會面。
阿齊茲拒絕轉交布希給海珊的信，因為他認為信件內容傲慢無禮。

於是，50萬名美軍和34國盟軍組成的多國部隊，準備與數量相當但裝備稍遜的伊拉克軍隊對決。

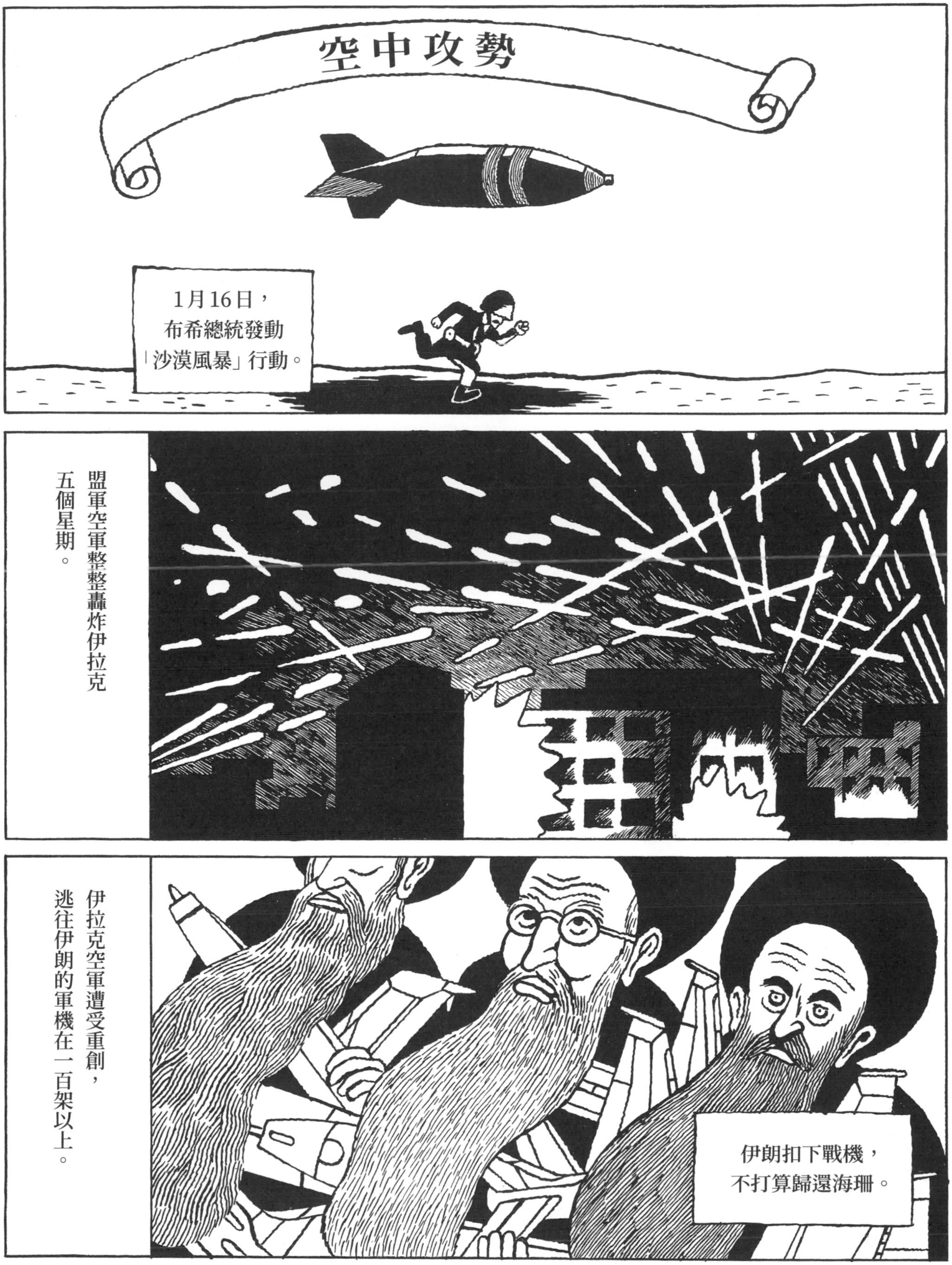
空中攻勢
1月16日，
布希總統發動
「沙漠風暴」行動。
盟軍空軍整整轟炸伊拉克
五個星期。
伊拉克空軍遭受重創，
逃往伊朗的軍機在一百架以上。
伊朗扣下戰機，
不打算歸還海珊。

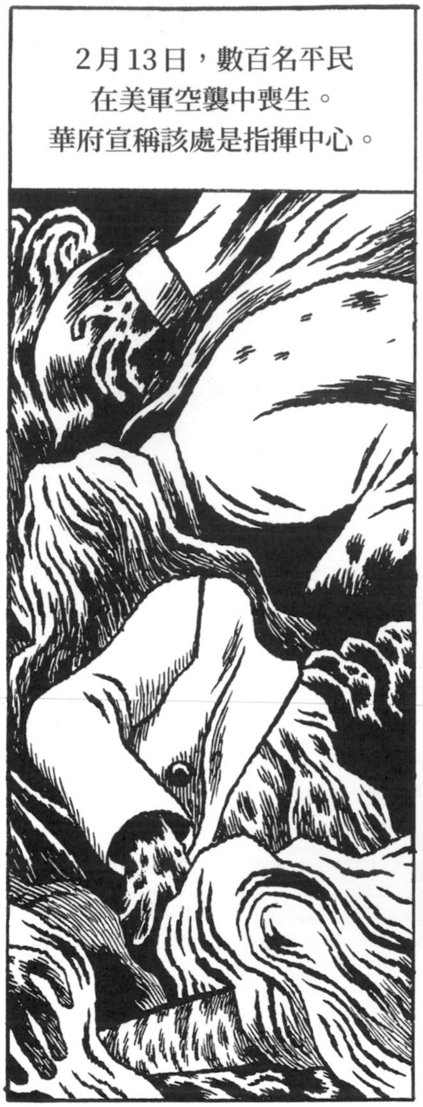
2月13日，數百名平民
在美軍空襲中喪生。
華府宣稱該處是指揮中心。

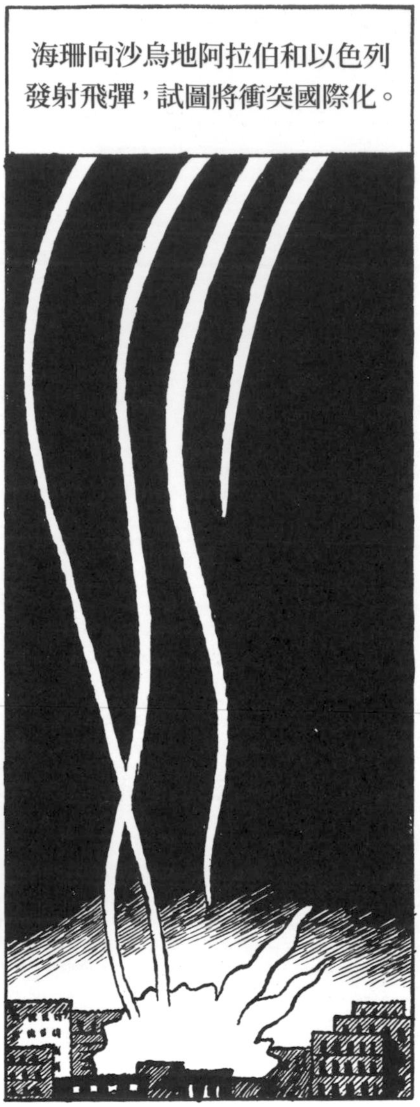
海珊向沙烏地阿拉伯和以色列
發射飛彈，試圖將衝突國際化。

雖然只有一名沙烏地人
和三名以色列人喪生，
但落在約旦河西岸的炸彈
炸死很多巴勒斯坦人。

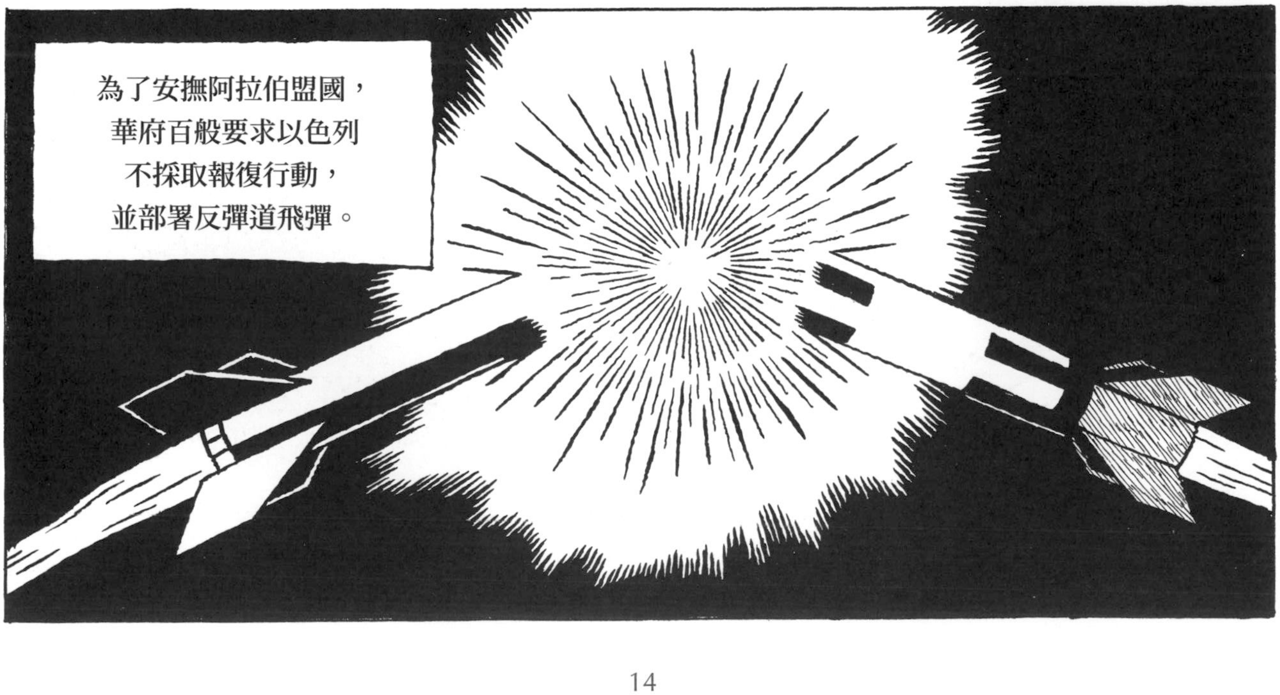
為了安撫阿拉伯盟國，
華府百般要求以色列
不採取報復行動，
並部署反彈道飛彈。

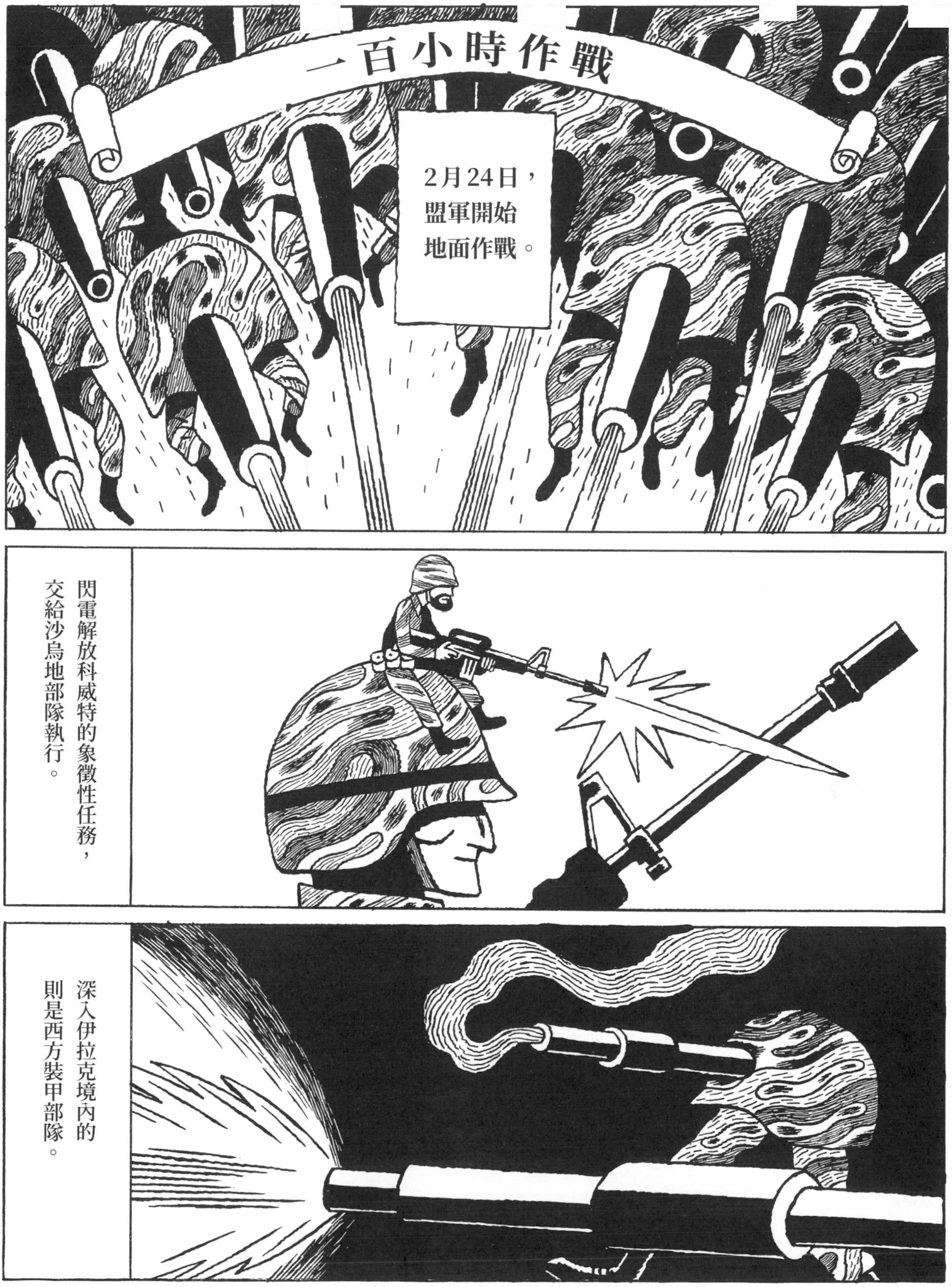
一百小時作戰
2月24日，
盟軍開始
地面作戰。
閃電解放科威特的象徵性任務，
交給沙烏地部隊執行。
深入伊拉克境內的
則是西方裝甲部隊。

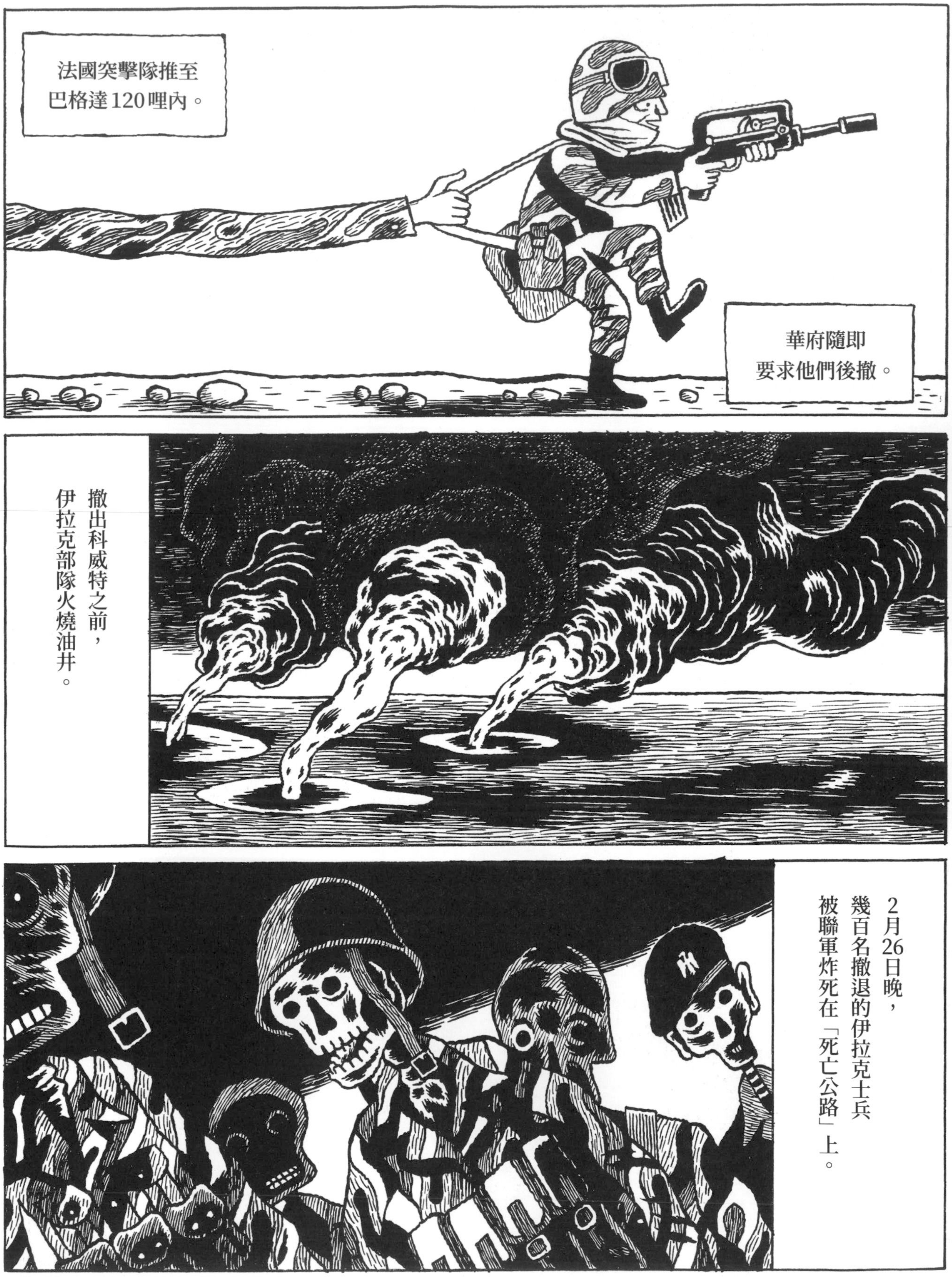
法國突擊隊推至
巴格達120哩內。
華府隨即
要求他們後撤。
撤出科威特之前，
伊拉克部隊火燒油井。
2月26日晚，
幾百名撤退的伊拉克士兵
被聯軍炸死在「死亡公路」上。

出乎美國意料之外，
伊拉克軍隊
沒認真抵抗。
事實上，伊拉克軍隊交戰沒多久就瓦解了，只有海珊的親衛隊在首都集結。

2月27日在巴斯拉附近，兩百支武裝部隊在兩小時內被殲滅。

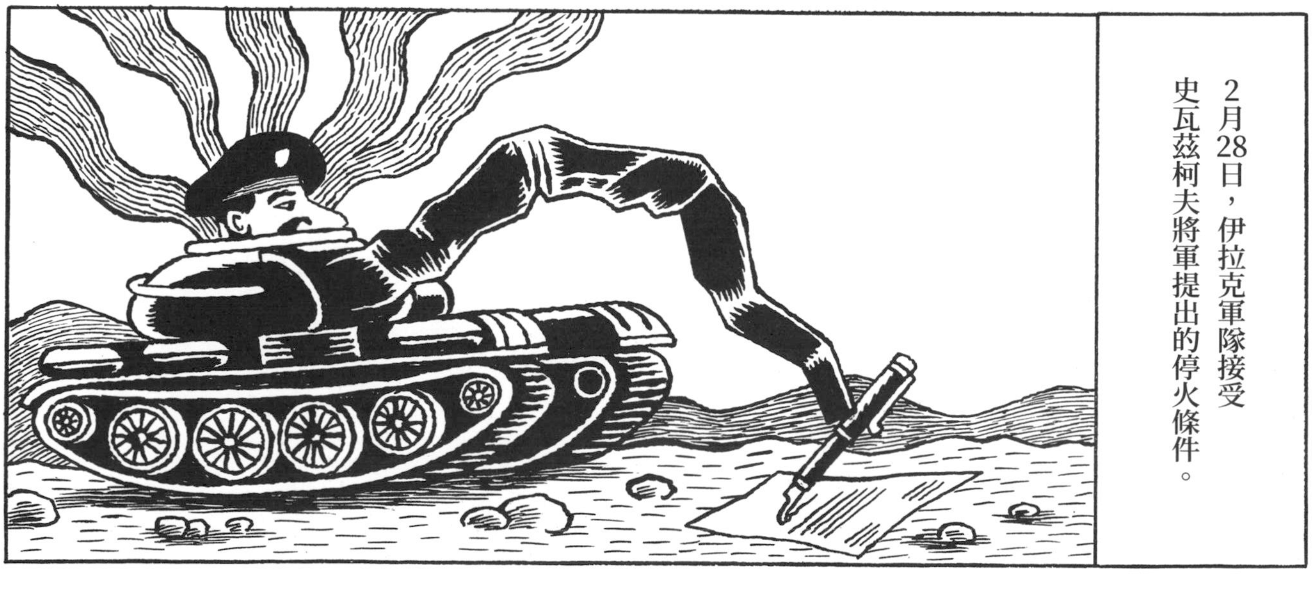
2月28日，伊拉克軍隊接受史瓦茲柯夫將軍提出的停火條件。

美軍殉職人數達一〇二人，
伊拉克死傷人數則是美軍的一百倍。
但根據不同來源的資訊，
也有人推估是兩百倍，甚至一千倍。
美國背棄起義
停火協議才剛剛簽署，伊拉克南方什葉派地區即爆發民變。
美國軍機在戰爭期間投下大批傳單，起義多少是受此刺激而爆發的。

由於伊拉克軍隊已潰不成軍，
轉而加入民變的逃兵數以千計。
起義從伊拉克大城巴斯拉開始，擴散到聖城納傑夫和卡爾巴拉，再傳至巴格達附近的什葉派地區。
3月5日，庫德族也在艾比爾、蘇萊曼尼亞和吉爾庫克舉事。
起事者到處射殺復興黨士兵，釋放囚犯。

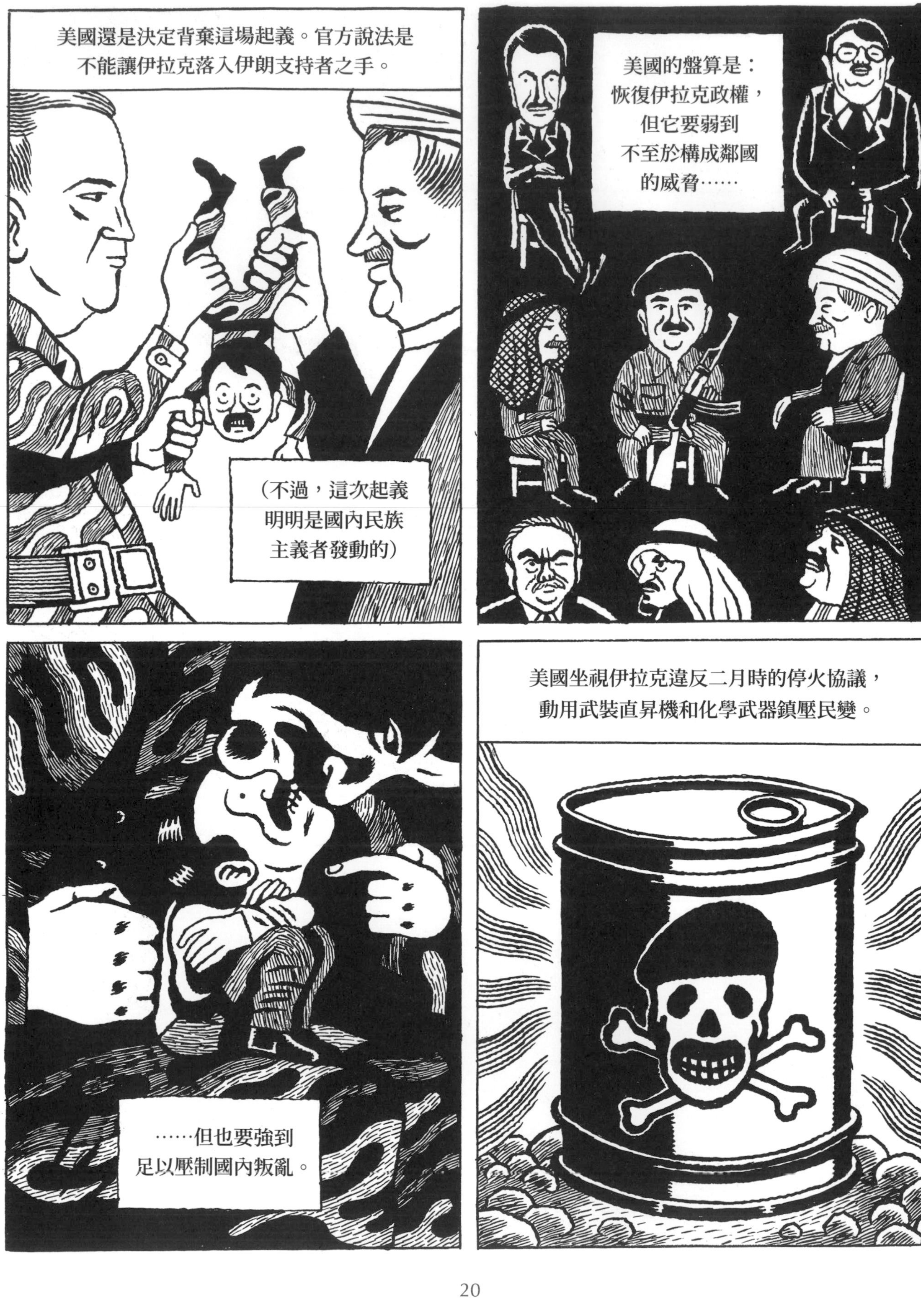
美國還是決定背棄這場起義。官方說法是
不能讓伊拉克落入伊朗支持者之手。
（不過，這次起義
明明是國內民族
主義者發動的）
美國的盤算是：
恢復伊拉克政權，
但它要弱到
不至於構成鄰國
的威脅……
……但也要強到
足以壓制國內叛亂。
美國坐視伊拉克違反二月時的停火協議，
動用武裝直昇機和化學武器鎮壓民變。

巴格達共和衛隊
粉碎了這次舉事。
兩週之間，巴斯拉、納傑夫
和卡爾巴拉血流成河。
海珊政權接著把
矛頭指向庫德族。
庫德族因此
大批逃往
土耳其。

1991年4月，
海珊完全奪回他的國家。
國際制裁反而讓他更能牢牢控制人民。
原因無他：發配給卡的是他的復興黨。
解放科威特之戰
的目的，原來是
在中東建立
「新世界秩序」。

最具實力的一支阿拉伯軍隊就此瓦解。
10月在馬德里，阿以和平會議
在美蘇兩國主持下舉行。
這是老布希和
詹姆斯·貝克的
重大勝利。
短短幾週之後，
連蘇聯都解體了。

比爾　柯林頓
兩度動武的男人
1992年11月，比爾・柯林頓擊垮冷戰戰神喬治・布希。他放的大絕是一句口號：
笨蛋，問題在經濟！

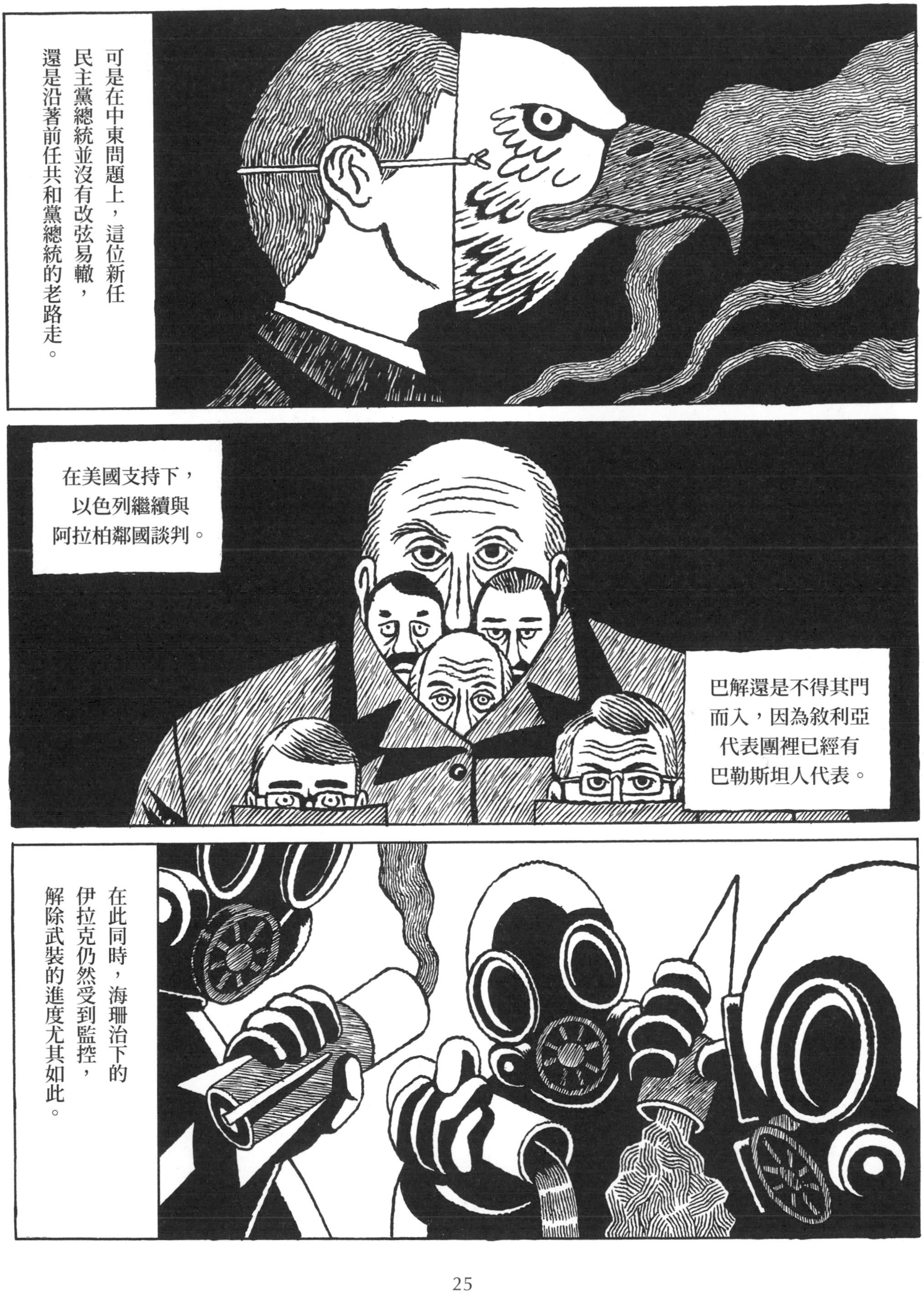
可是在中東問題上，這位新任
民主黨總統並沒有改弦易轍，
還是沿著前任共和黨總統的老路走。
在美國支持下，
以色列繼續與
阿拉伯鄰國談判。
巴解還是不得其門
而入，因為敘利亞
代表團裡已經有
巴勒斯坦人代表。
在此同時，海珊治下的
伊拉克仍然受到監控，
解除武裝的進度尤其如此。

聯合國安理會也在伊拉克建立兩處禁航區，一處在北方庫德族地區，另一處在南方什葉派地區。
由美國空軍負責巡邏。
不過，柯林頓總統馬上又注意到中東。
1993年8月，外界得知以色列和巴解已另闢蹊徑，在奧斯陸建立祕密對話管道。因為美國主導的談判一再陷入僵局，以巴雙方已深感挫折。

以色列和巴解同意
同時相互承認……
……也同意在約旦河
西岸和加薩走廊成立
自治政府，由「巴勒
斯坦當局」管理。
柯林頓趕忙收割：
邀以色列總理拉賓和阿拉法特來白宮，
在他的見證下握手言和。
柯林頓以為衝突就此
落幕，很快又對中東
問題沒了興趣。
實際上，以色列的
殖民行動變本加厲。

反奧斯陸協議的哈瑪斯
伊斯蘭主義派系獲得更多支持。

1995年11月4日，以色列
總理拉賓遭猶太極端份子暗殺。
這場行動打亂
和平進程。

在以色列大選如火如荼之際，
哈瑪斯擴大自殺炸彈攻擊。

1996年4月，以色列總理裴瑞斯
發動「憤怒的葡萄」行動，入侵黎巴嫩。
選戰方熾，他可不能顯得比對手
納坦雅胡「軟弱」。
這次行動的目的是
擊潰真主黨。
但這個什葉派民
兵組織挺住了。
真正死傷慘重的是平民。

美國不得不接受
法國協助，談成停火。
然而納坦雅胡
橫掃大選。
和平進程出現隱憂。

在此同時，賓拉登在蘇丹
擴大他的「基地」組織（或稱
「蓋達」），大力拓展國際網絡。

伊拉克入侵科威特期間，賓拉登與
沙烏地王室交惡（因為他極為不滿
沙國和美國「異教徒」站在同一邊），
在1994年被剝奪沙烏地阿拉伯國籍。

賓拉登腹背受敵：
美國不容蓋達成員
介入索馬利亞內戰。
沙烏地阿拉伯對他
相當忌憚，唯恐他
到處煽風點火。
埃及則指控他
的副手查瓦希
里暗中謀刺其
總統穆巴拉克，
與1995年在
阿迪斯·阿貝
巴那場失敗的
攻擊有關。

賓拉登後來被蘇丹
逐至巴基斯坦，
他又從巴基斯坦轉往
阿富汗東部山區。
他在那裡鞏固
蓋達組織。
1996年8月，他宣布
對美國發動「聖戰」，
但各方漠不關心。
柯林頓當時
可能根本不知道
有這號人物。

盟友倒戈已經夠他頭大了⋯⋯美國
原本的庫德族盟友馬蘇德・巴爾扎尼，
此時轉而投效海珊。
伊拉克坦克
開入禁航區。
由CIA訓練和武裝的
賈拉勒・塔拉巴尼*
手下被驅逐。
美國原本力挺這些「反抗人士」，
此時卻拒絕他們
前往美國本土接受庇護。
他們只好躲往關島。
同樣遭遇的人
有好幾百個。

＊ 賈拉勒・塔拉巴尼（Jalal Talabani）是庫德族要角（與巴爾扎尼處競爭關係），2005年當選伊拉克總統。

這是美國的奇恥大辱，
但沒影響柯林頓在1996年連任。
1998年8月，第一次空襲
1998年8月7日，肯亞和坦尚尼亞的美國使館雙雙遭到攻擊。
罹難者大多是非洲人
(在二二四名死者中，
只有十二名是美國人)。

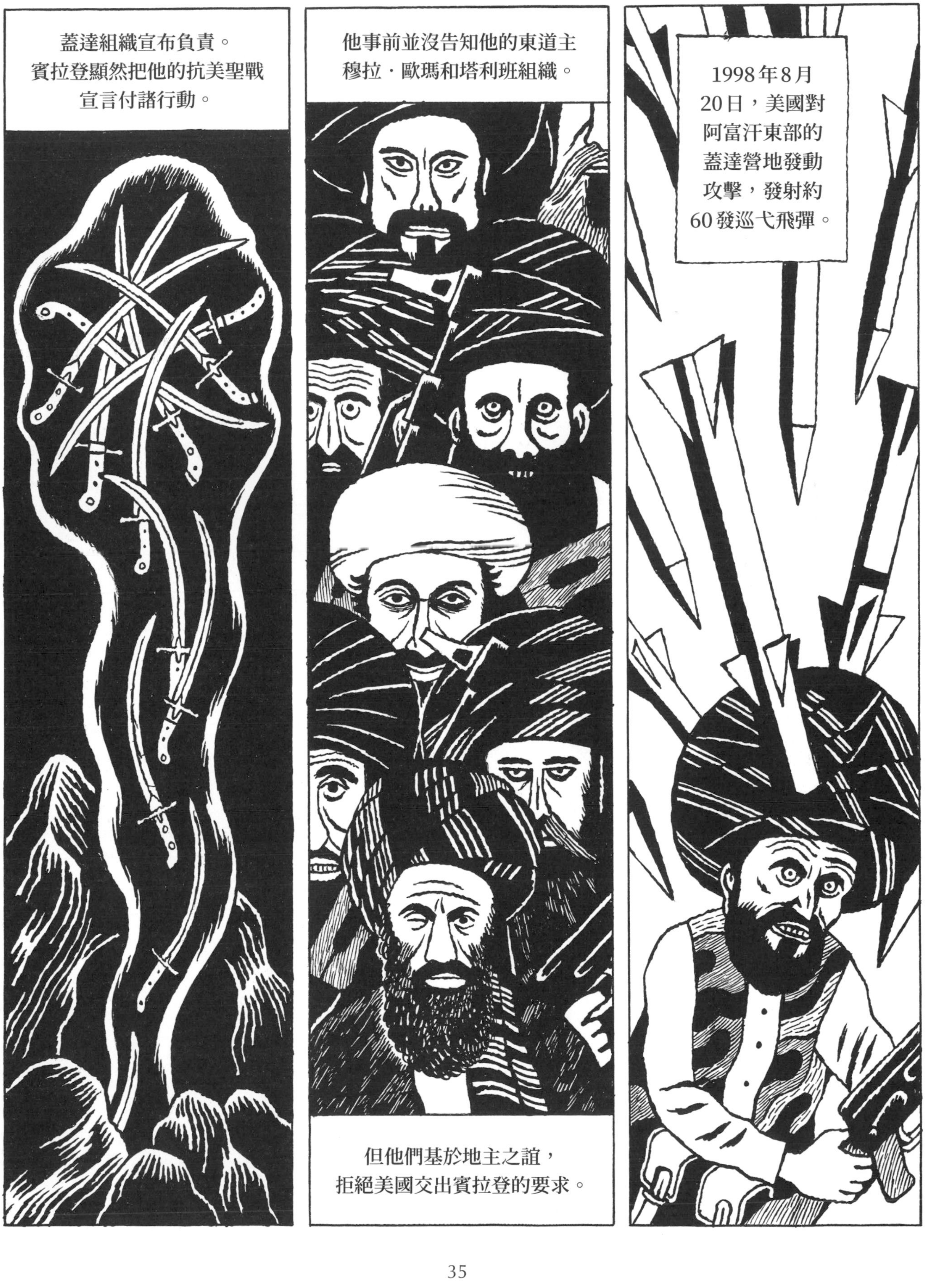
蓋達組織宣布負責。
賓拉登顯然把他的抗美聖戰
宣言付諸行動。
他事前並沒告知他的東道主
穆拉·歐瑪和塔利班組織。
但他們基於地主之誼，
拒絕美國交出賓拉登的要求。
1998年8月
20日，美國對
阿富汗東部的
蓋達營地發動
攻擊，發射約
60發巡弋飛彈。

數十名聖戰士喪生。
賓拉登原本應該會在
被轟炸的一處營地，但他在
最後一刻改變主意。
對聖戰士來說，他大難不死
似乎是真主護佑的明證。
於是，他不只在巴基斯坦家喻戶曉，
還成了阿拉伯世界赫赫有名的人物。
自願加入蓋達組織
的人大增。

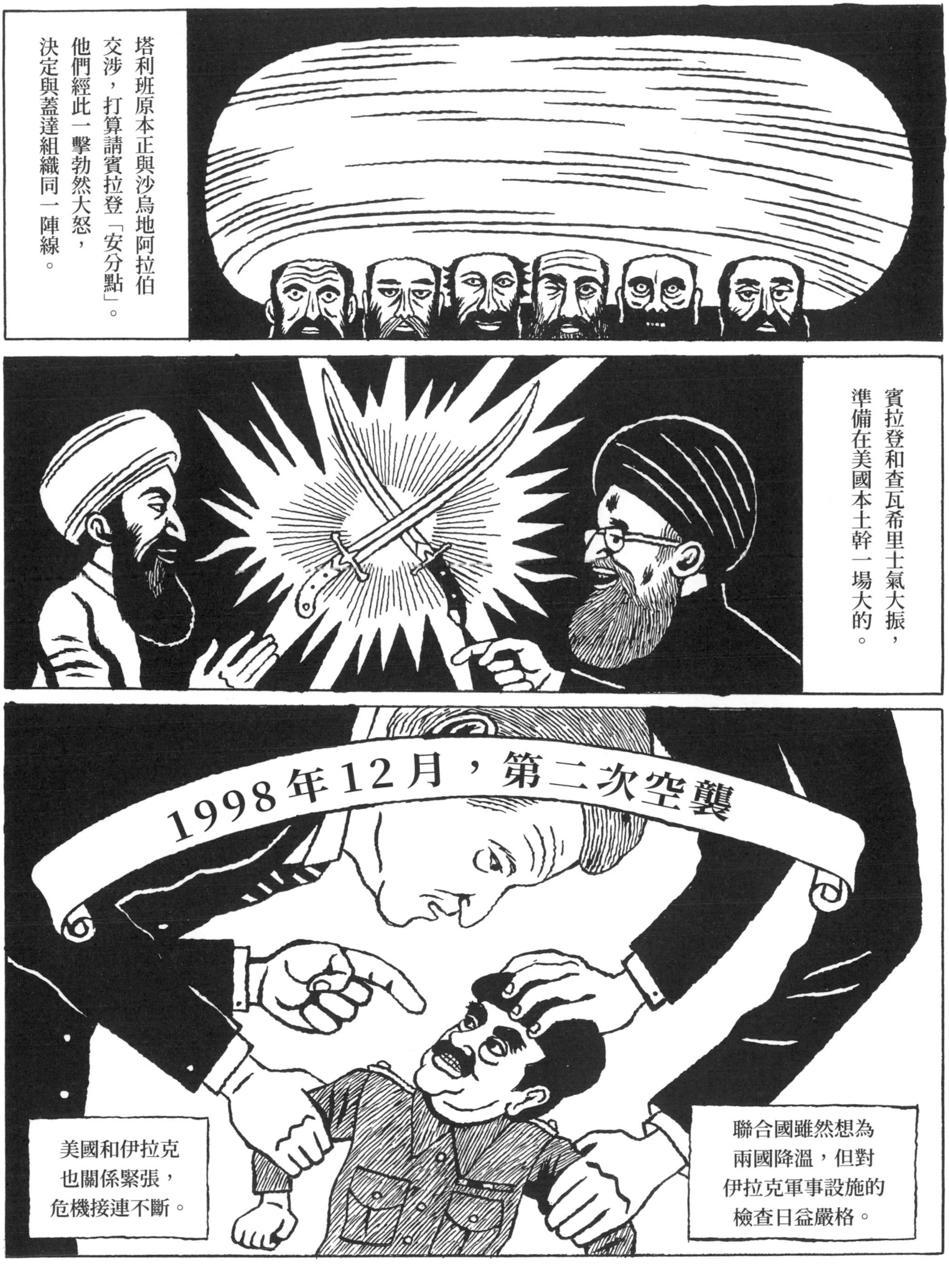
塔利班原本正與沙烏地阿拉伯交涉，打算請賓拉登「安分點」。
他們經此一擊勃然大怒，決定與蓋達組織同一陣線。
賓拉登和查瓦希里士氣大振，準備在美國本土幹一場大的。
1998年12月，第二次空襲
美國和伊拉克也關係緊張，危機接連不斷。
聯合國雖然想為兩國降溫，但對伊拉克軍事設施的檢查日益嚴格。

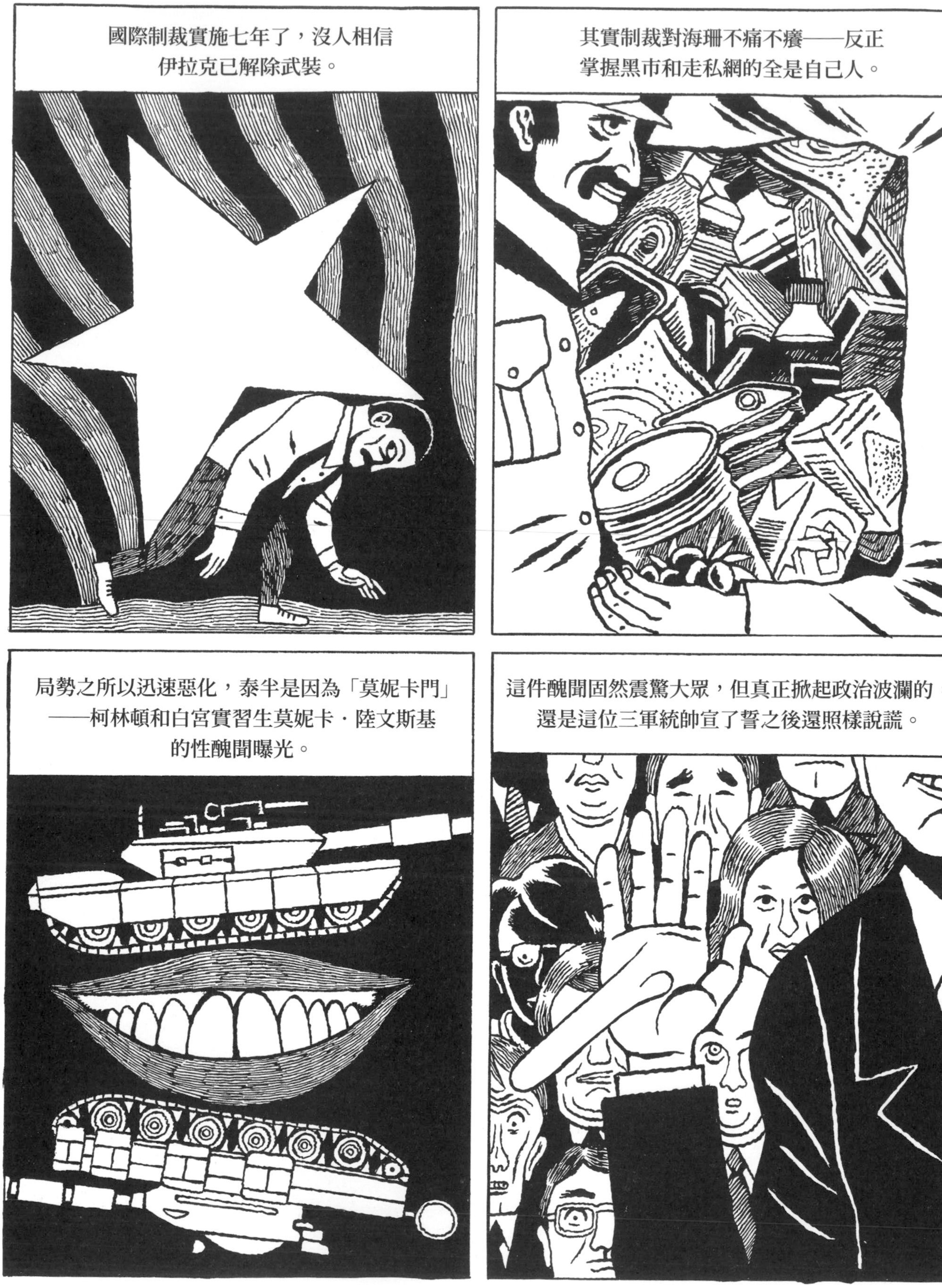
國際制裁實施七年了，沒人相信
伊拉克已解除武裝。
其實制裁對海珊不痛不癢——反正
掌握黑市和走私網的全是自己人。
局勢之所以迅速惡化，泰半是因為「莫妮卡門」
——柯林頓和白宮實習生莫妮卡．陸文斯基
的性醜聞曝光。
這件醜聞固然震驚大眾，但真正掀起政治波瀾的，
還是這位三軍統帥宣了誓之後還照樣說謊。

共和黨占多數的眾議院沒放過他，
以偽證和妨礙司法兩項罪名啟動彈劾程序。
這時，柯林頓發現可以用伊拉克轉移視聽。
聯合國檢查員報告海珊又有違規情事。
雖然聯合國祕書長安南想大事化小，
美國還是命令檢查員撤出伊拉克。
美國宣傳一口咬定是海珊驅逐他們的，
直到今天仍是如此。

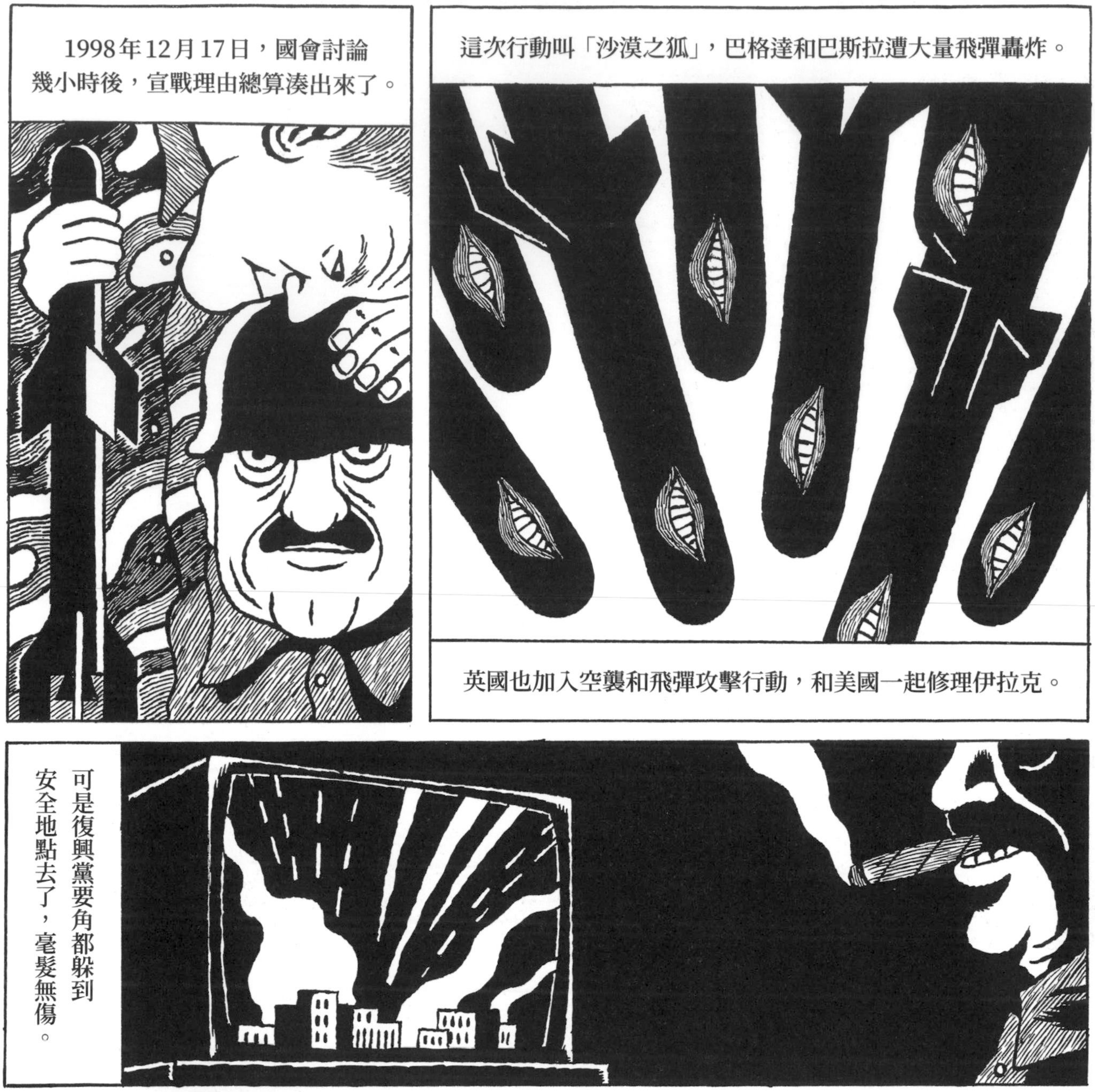
1998年12月17日，國會討論幾小時後，宣戰理由總算湊出來了。
這次行動叫「沙漠之狐」，巴格達和巴斯拉遭大量飛彈轟炸。
英國也加入空襲和飛彈攻擊行動，和美國一起修理伊拉克。
可是復興黨要角都躲到安全地點去了，毫髮無傷。
由於這次攻擊正好在伊斯蘭齋戒月期間，阿拉伯世界群情激憤。

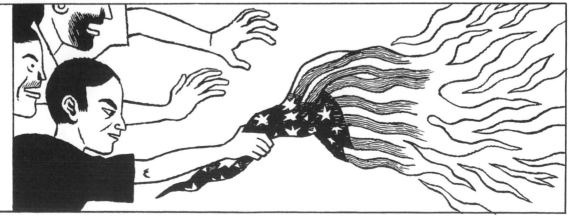

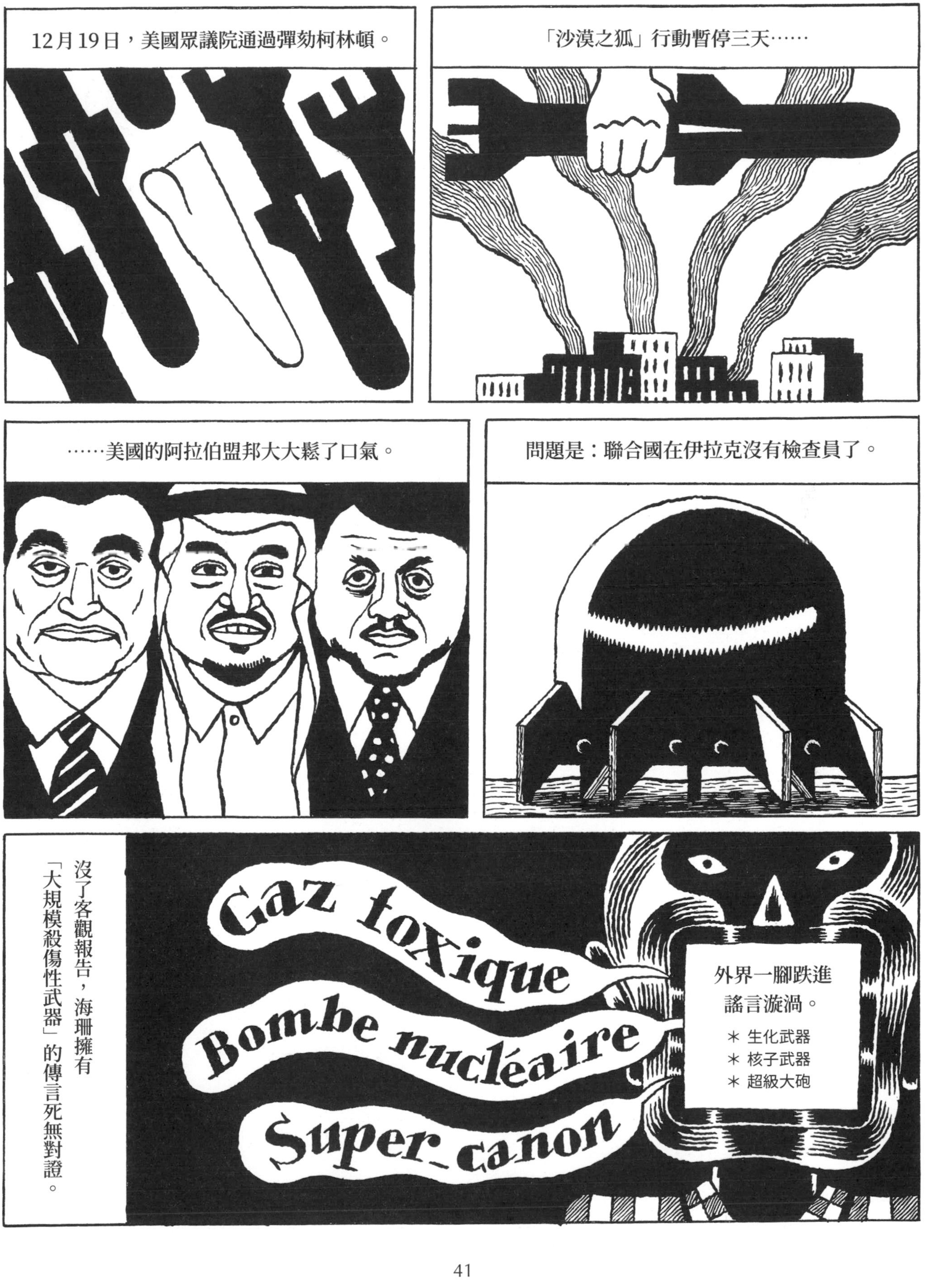
12月19日，美國眾議院通過彈劾柯林頓。
「沙漠之狐」行動暫停三天……
……美國的阿拉伯盟邦大大鬆了口氣。
問題是：聯合國在伊拉克沒有檢查員了。
沒了客觀報告，海珊擁有「大規模殺傷性武器」的傳言死無對證。
Gaz toXique
Bombe nucléaire
Super_canon
外界一腳跌進謠言漩渦。
＊ 生化武器
＊ 核子武器
＊ 超級大砲

柯林頓從老布希手中接下一盤好棋，卻給小布希留下個爛攤子。美國一度能在中東一言九鼎，現在不但伊拉克再次牢牢掌握在海珊手裡……
……阿富汗也深受蓋達組織影響。
美國仍舊試圖推動和平進程，調解以色列和敘利亞的歧見，化解以色列人與巴勒斯坦人的衝突，但手法拙劣，毫無成果。
2000年9月，巴勒斯坦發動第二次起義，美國的阿拉伯盟邦立場尷尬。

10月12日，蓋達攻擊
停泊於亞丁灣的美國驅逐艦柯爾號，
17人喪生。
賓拉登大方承認這是蓋達組織幹的。
PLURIBUS
UNUM
次月，小布希擊敗柯林頓
的副總統高爾，成功入主白宮。

2001
2004
這位新任總統以前有嚴重的酗酒問題。
~BUSH~
WHISKY
他說自己在一次神祕經驗中見到耶穌，因此獲得救贖。

既幸運又倒楣的繼承者
他成了個「重生」基督徒。
意即「因信仰而復活的」基督徒。

他與「基督教錫安主義者」過從甚密。在美國南方，這群人有權有勢得很。
對他們來說，猶太人回以色列是應驗《聖經》的預言。
基督教錫安主義者無條件力挺以色列右派；猶太裔美國人則有的支持以色列工黨，有的支持以色列聯合黨。
小布希想做出一番事業，脫離老爸陰影。他決定在兩個中東重大議題上突破，顯出自己絕非庸碌之輩。

差不多在小布希入主白宮時，
夏隆也當上以色列總理。小布希
唯恐天下不知他與夏隆交情深厚。
夏隆還是很想除掉阿拉法特，
對1982年讓他順利脫逃一事
耿耿於懷*。
美國支持以色列報復
巴勒斯坦「恐怖份子」。

* 請參考第二冊90頁。

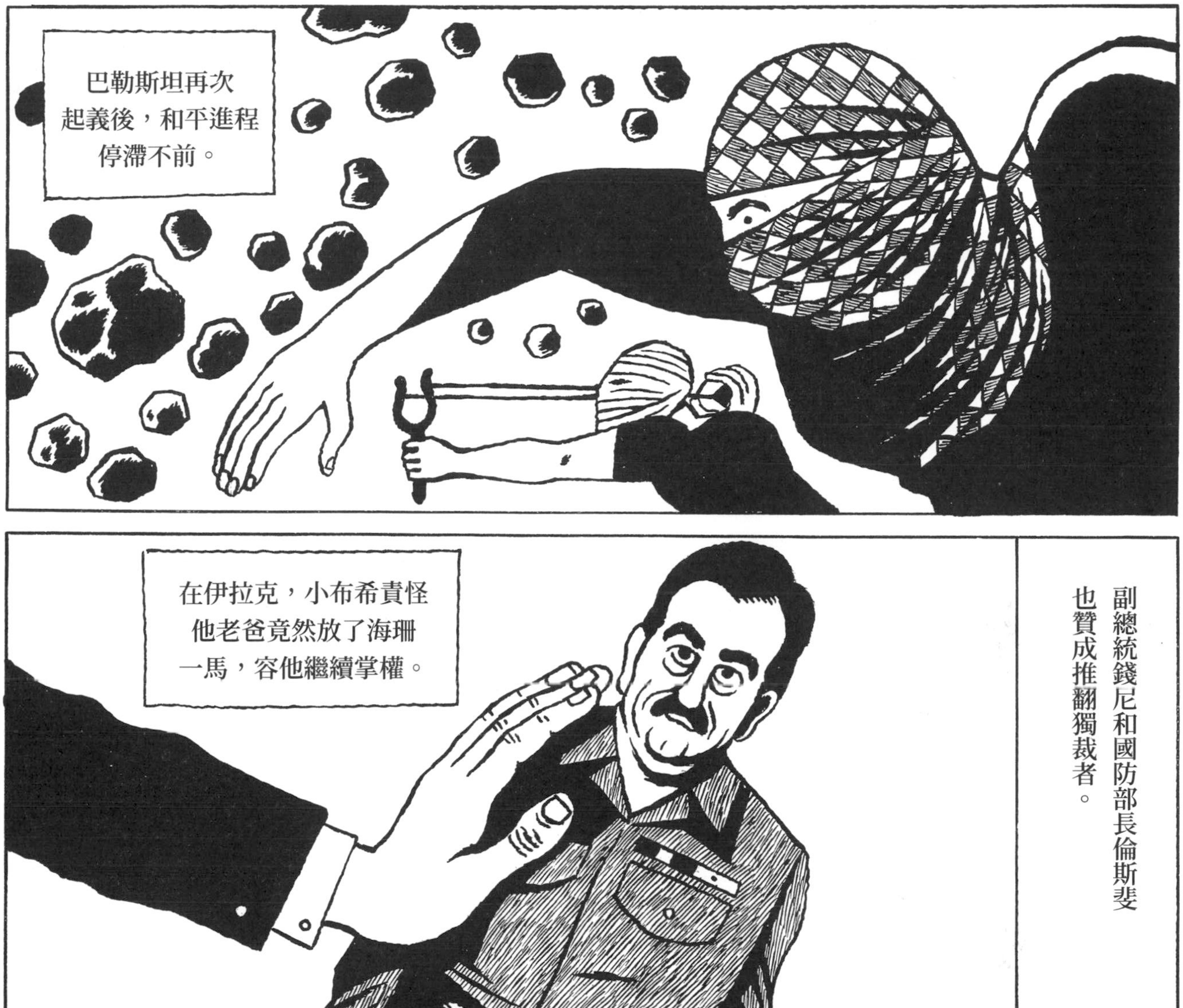
巴勒斯坦再次
起義後，和平進程
停滯不前。
在伊拉克，小布希責怪
他老爸竟然放了海珊
一馬，容他繼續掌權。
副總統錢尼和國防部長倫斯斐
也贊成推翻獨裁者。
那時流行的
口號是：「通往
耶路撒冷的路得
經過巴格達。」
對新保守派來說，
想讓以色列與鄰國
和平共處，唯一的
辦法是以武力
在阿拉伯世界
建立民主政權。

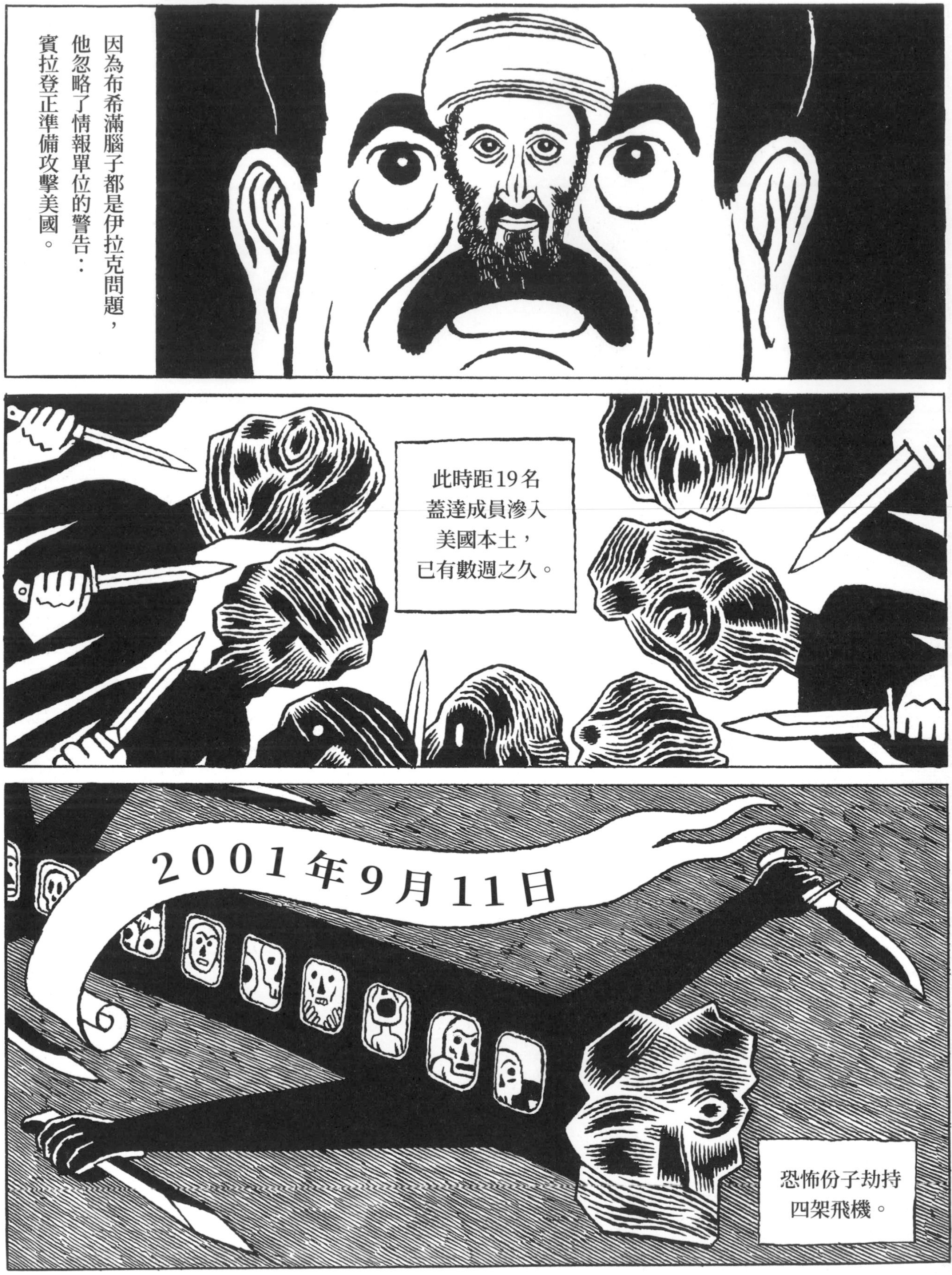
因為布希滿腦子都是伊拉克問題，
他忽略了情報單位的警告：
賓拉登正準備攻擊美國。
此時距19名
蓋達成員滲入
美國本土，
已有數週之久。
2001年9月11日
恐怖份子劫持
四架飛機。

上午8點46分和9點03分，
兩架飛機撞擊紐約世貿中心雙子星塔。
9點38分，另一架飛機撞擊五角大廈。
第四架飛機的乘客決定拚死一搏，奪回飛機控制權，最後飛機墜毀。
沒人知道它原本的目標是白宮或國會大廈。
四架飛機均無人生還。

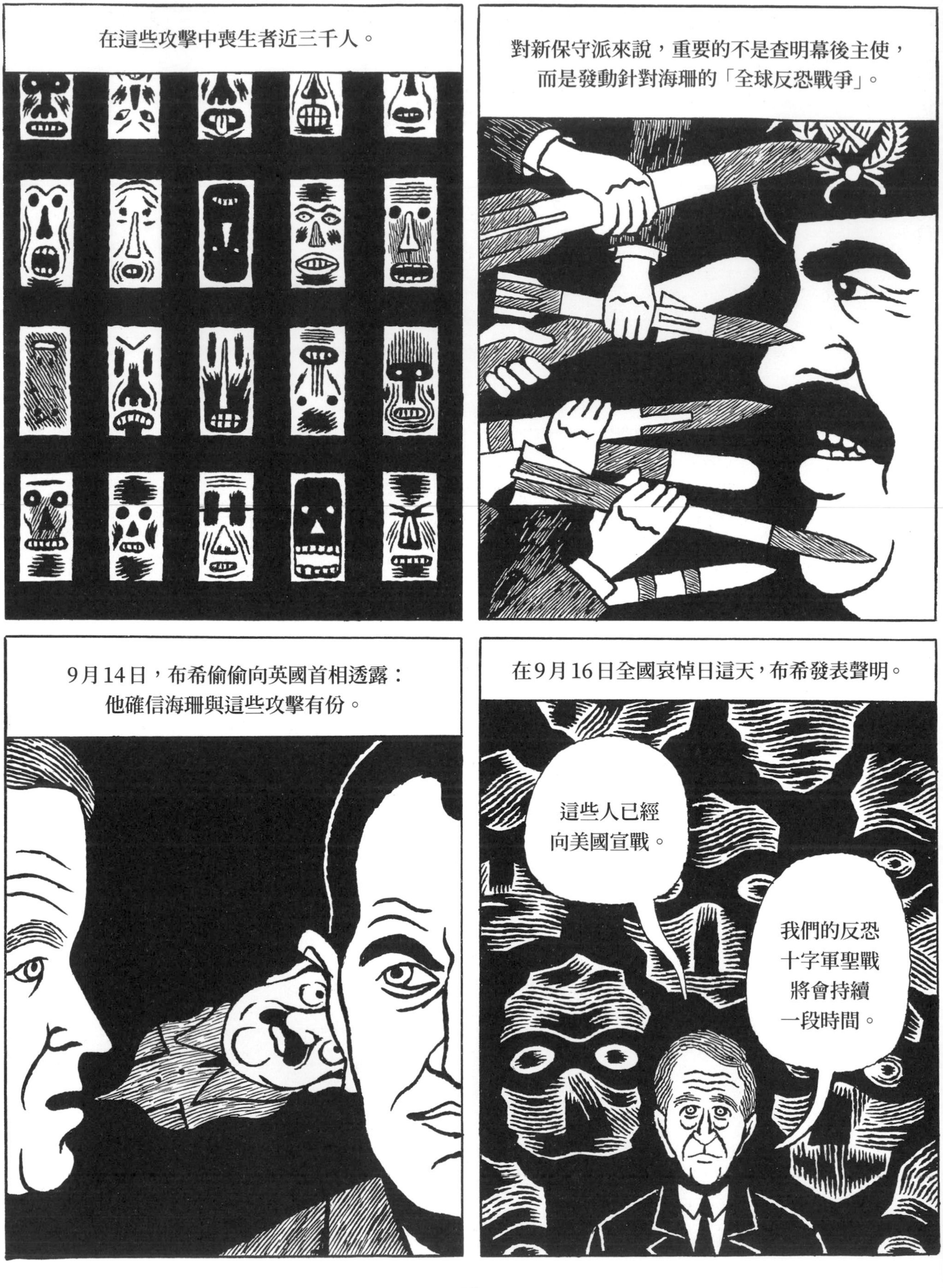
在這些攻擊中喪生者近三千人。
對新保守派來說，重要的不是查明幕後主使，而是發動針對海珊的「全球反恐戰爭」。
9月14日，布希偷偷向英國首相透露：他確信海珊與這些攻擊有份。
在9月16日全國哀悼日這天，布希發表聲明。
這些人已經向美國宣戰。
我們的反恐十字軍聖戰將會持續一段時間。

賓拉登料到
美國會對他採取
報復行動，他透過
半島電視台發布了
威脅影片。
在我們讓巴勒斯坦
得到安全之前，在
所有異教徒軍隊撤離
穆罕默德的土地之前，
美國和住在美國的人
都別想奢望安全。
這支影片的公布
時機耐人尋味：
在盟軍開始轟炸
阿富汗的塔利班
基地後不久，這支
影片就出現了。

賓拉登把自己塑造成魅力領袖。
他嚴詞抨擊西方侵略野心永不饜足，
但小心避談西方師出有名的報復行動。

因此，他沒有公開宣布要為911攻擊負責。

這招也讓各種稀奇古怪的
陰謀論四處流傳。
G
322
CIA
以巴勒斯坦和伊斯蘭聖地
為名，他搖身一變成了
對抗美國的英雄。
相反地，布希把他講成
邪惡的化身。
不過，這位蓋達首腦高估了
他塔利班盟友的抵抗能力。
儘管美國沒有展開地面
攻勢，穆拉・歐瑪政權
還是短短幾週就垮了。

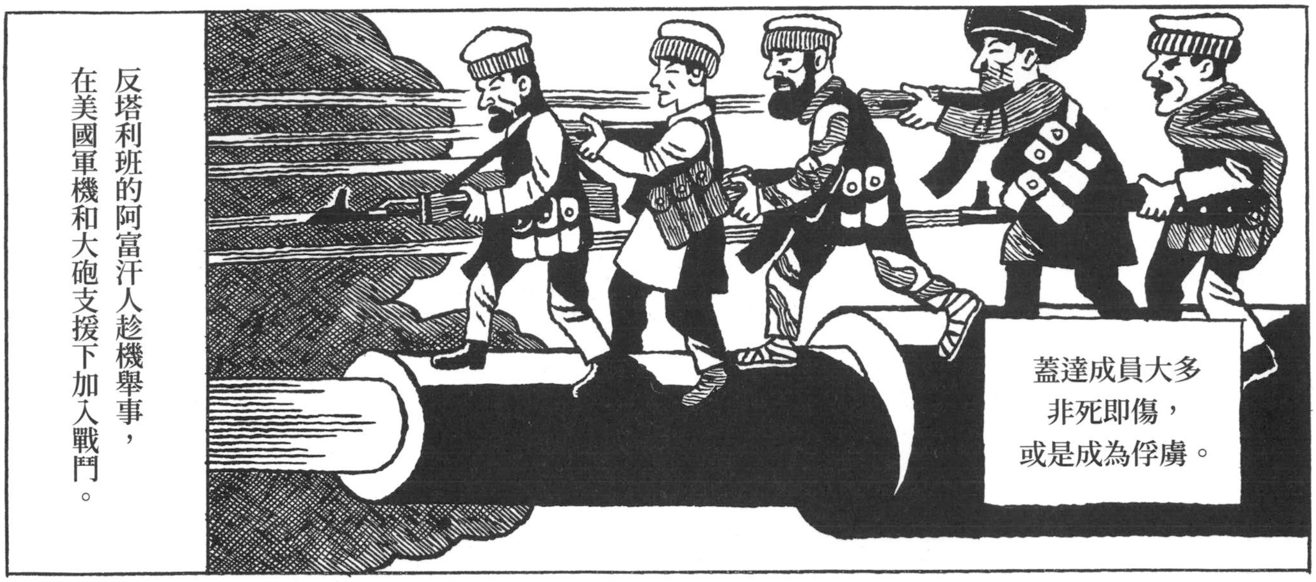
反塔利班的阿富汗人趁機舉事，
在美國軍機和大砲支援下加入戰鬥。
蓋達成員大多
非死即傷，
或是成為俘虜。

2001年12月，
賓拉登和幾個手下
不得不躲回老巢，
在巴基斯坦邊界
附近的托拉波拉
靜觀其變。
盟軍日夜轟炸
不斷，這位蓋達
首腦漸漸絕望，
也交代了遺言。

美國以極小的代價推翻了塔利班政權，
但他們不願派兵深入。

五角大廈也改變了衛星監控重點，
從巴基斯坦—阿富汗交界
轉向伊拉克……
……結果讓賓拉登逮住機會逃脫，躲到巴基斯坦。
失落的環節
對布希、錢尼和倫斯斐來說，
阿富汗只是全球反恐戰爭的
眾多戰場之一。
反恐行動常以法外手段進行，
任務遍布全球。

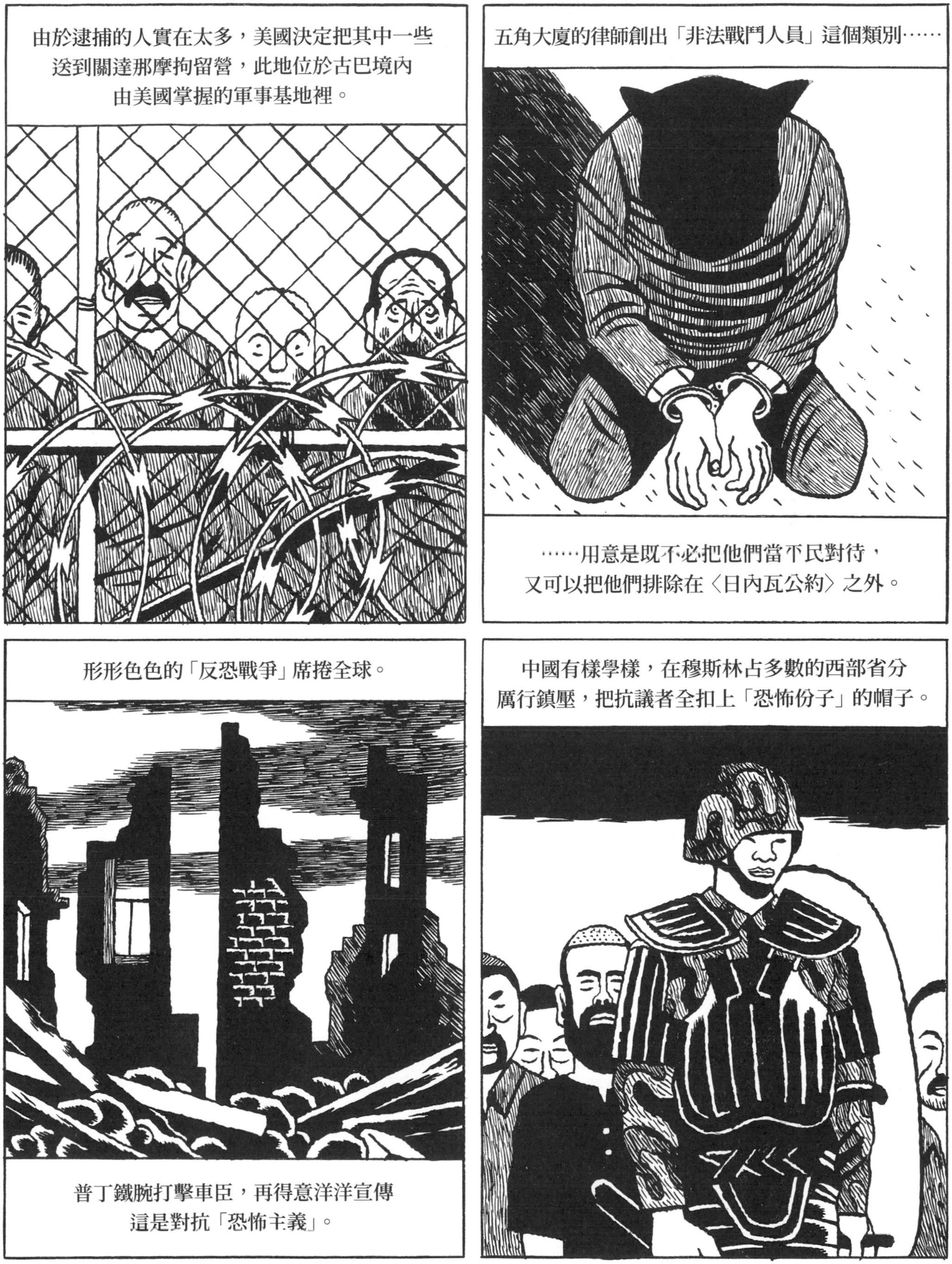
由於逮捕的人實在太多，美國決定把其中一些
送到關達那摩拘留營，此地位於古巴境內
由美國掌握的軍事基地裡。
五角大廈的律師創出「非法戰鬥人員」這個類別……
……用意是既不必把他們當平民對待，
又可以把他們排除在〈日內瓦公約〉之外。
形形色色的「反恐戰爭」席捲全球。
普丁鐵腕打擊車臣，再得意洋洋宣傳
這是對抗「恐怖主義」。
中國有樣學樣，在穆斯林占多數的西部省分
厲行鎮壓，把抗議者全扣上「恐怖份子」的帽子。

夏隆也宣布：
每個國家都有賓拉登這種敵人。
阿拉法特就是我們以色列的賓拉登。

阿拉伯獨裁者紛紛靠攏美國，把反對者抹成「蓋達」，就算他們沒有宗教色彩也是一樣。突尼西亞的班·阿里、埃及的穆巴拉克、敘利亞的阿薩德都用這招。

祕密警察和CIA聯手布建「地下基地」。
嫌疑人常「消失」在祕密拷問中心。

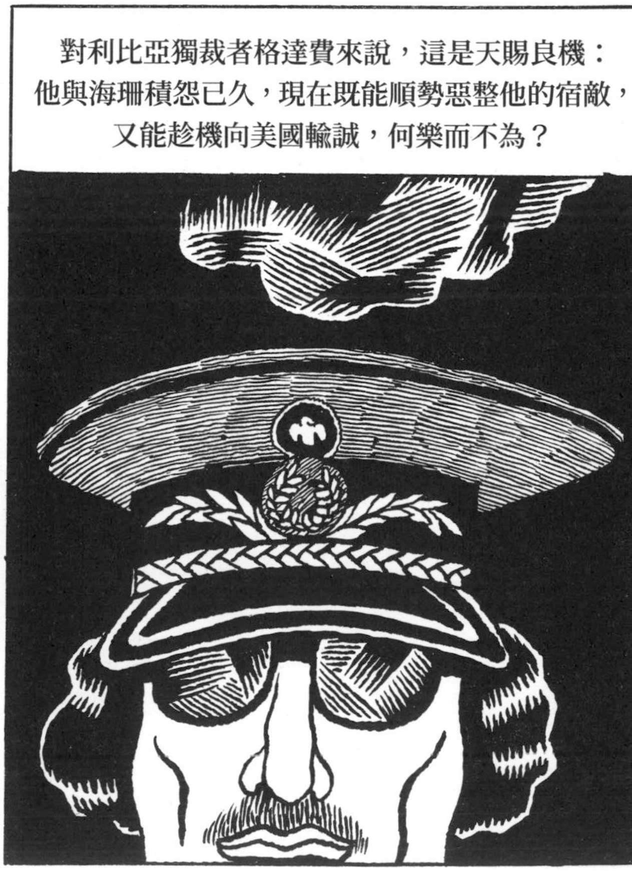
對利比亞獨裁者格達費來說，這是天賜良機：他與海珊積怨已久，現在既能順勢惡整他的宿敵，又能趁機向美國輸誠，何樂而不為？

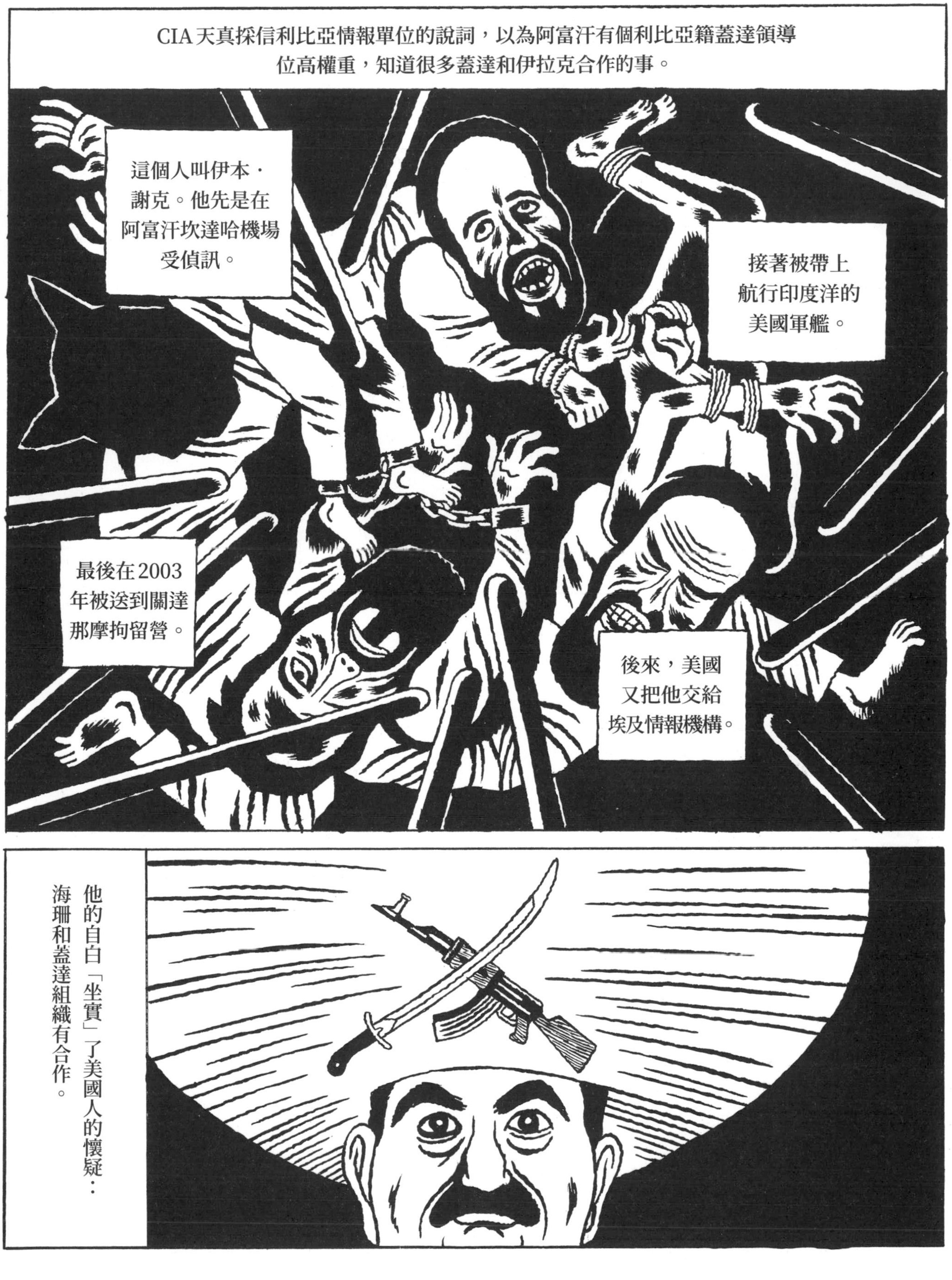
CIA天真採信利比亞情報單位的說詞，以為阿富汗有個利比亞籍蓋達領導位高權重，知道很多蓋達和伊拉克合作的事。
這個人叫伊本·謝克。他先是在阿富汗坎達哈機場受偵訊。
接著被帶上航行印度洋的美國軍艦。
後來，美國又把他交給埃及情報機構。
最後在2003年被送到關達那摩拘留營。
他的自白「坐實」了美國人的懷疑：海珊和蓋達組織有合作。

2002年1月29日，
小布希把伊拉克、伊朗、北韓串在一起，
說他們是「邪惡軸心」。
假消息傳得煞有其事，
美國人多數相信海珊
是911攻擊的幕後主使。
歐巴馬當時還是年輕的州參議員，
他對布希的說法十分不以為然，
提出譴責：
我不是什麼戰爭都反對，但我反對愚蠢的戰爭。

2003年2月5日，
美國國務卿鮑威爾
在聯合國安理會
信誓旦旦地說，
海珊與蓋達組織合作，
擁有化學武器和生物武器。
他後來怪美國
情報單位提供
偏頗的證據給他。
鮑威爾未能說服他的同僚。
法國外長德維爾潘一席「和平解除武裝」
的發言，倒是贏得熱烈掌聲。

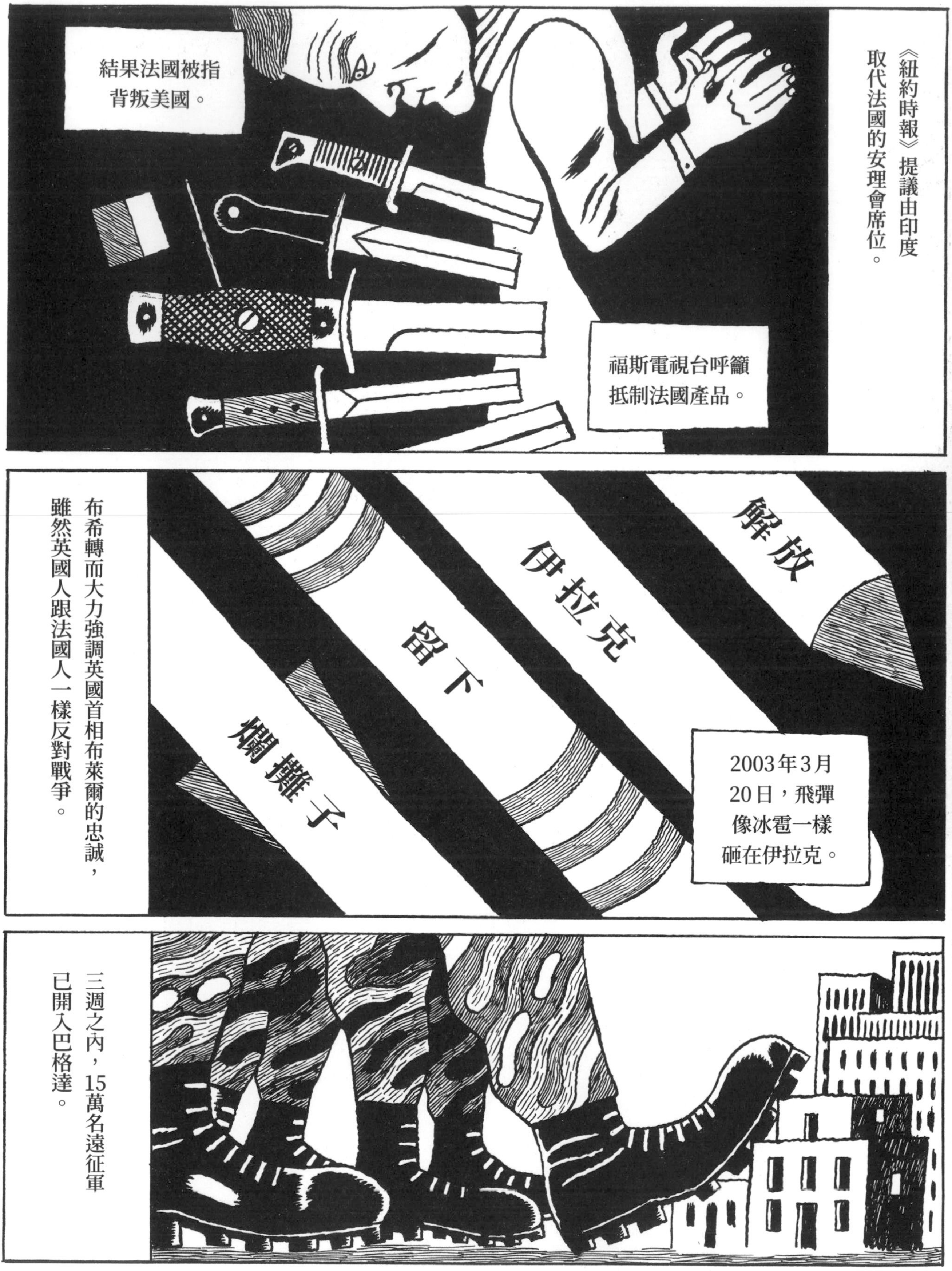
《紐約時報》提議由印度取代法國的安理會席位。
結果法國被指背叛美國。
福斯電視台呼籲抵制法國產品。
2003年3月20日，飛彈像冰雹一樣砸在伊拉克。
解放伊拉克
留下爛攤子
布希轉而大力強調英國首相布萊爾的忠誠，雖然英國人跟法國人一樣反對戰爭。
三週之內，15萬名遠征軍已開入巴格達。

美國大肆宣傳巴格達廣場的海珊像被拉倒。
華府一心認定這是阿拉伯版的柏林圍牆倒塌，
但「解放」地區其實一片混亂。
軍火被各種
武裝團體
橫掃一空。
伊拉克國家博物館文物遭偷盜，
很多考古遺址也被洗劫。

美軍拒絕負起維護秩序之責，
只願接手有戰略意義的位置
（例如石油部）。
對於該怎麼改變沒了
海珊的伊拉克，布希政府
毫無計畫。
他們以為沒了暴君，
伊拉克自然會走向民主。
美國外交官保羅·布雷默就任盟軍臨時政府
長官後，頭兩項決定分別是解散伊拉克軍隊，
以及肅清復興黨成員。
於是，數萬名士兵離開部隊返回家鄉，
但沒繳回武器。

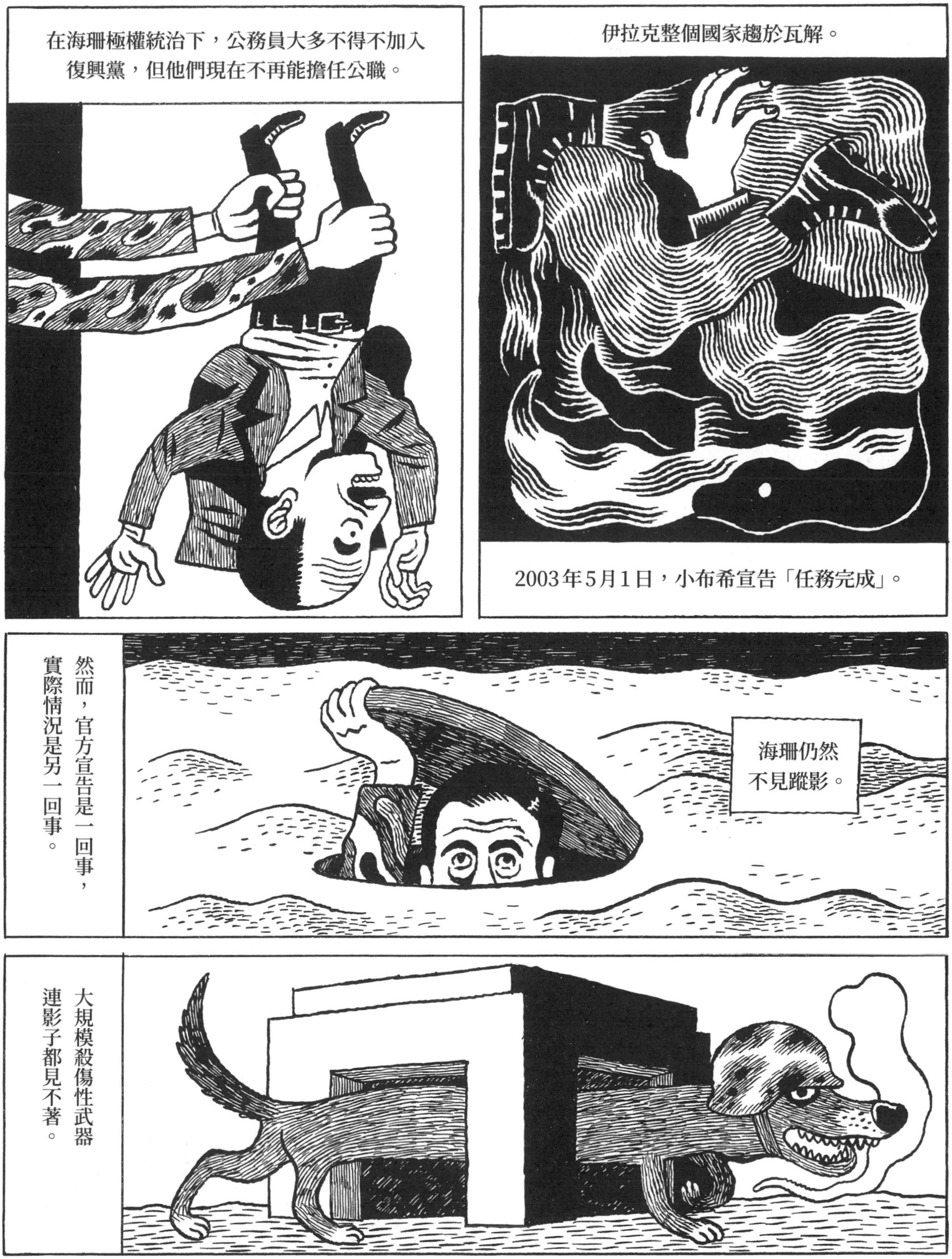
在海珊極權統治下，公務員大多不得不加入復興黨，但他們現在不再能擔任公職。
伊拉克整個國家趨於瓦解。
2003年5月1日，小布希宣告「任務完成」。
然而，官方宣告是一回事，實際情況是另一回事。
海珊仍然不見蹤影。
大規模殺傷性武器連影子都見不著。

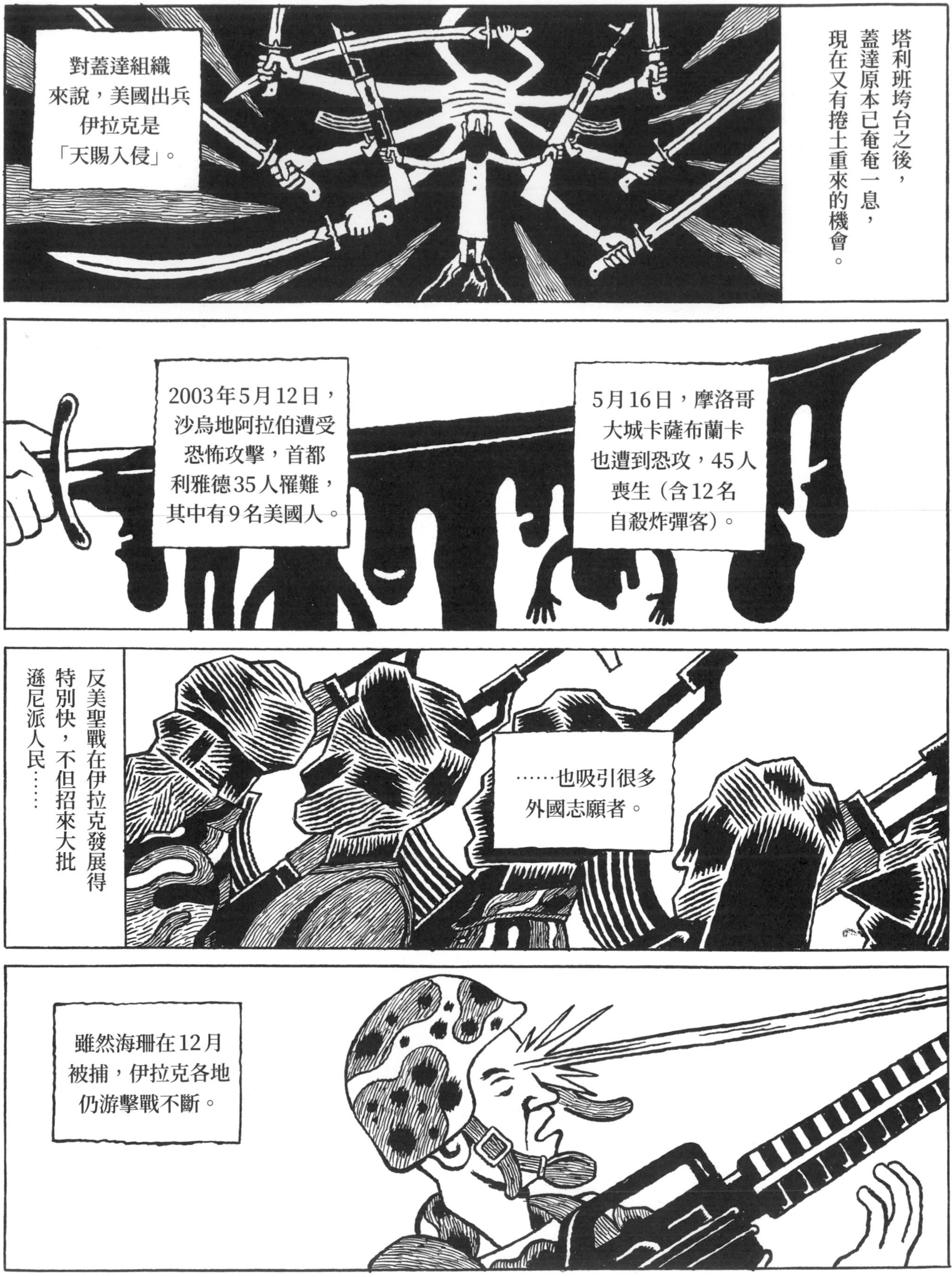
塔利班垮台之後，蓋達原本已奄奄一息，現在又有捲土重來的機會。
對蓋達組織來說，美國出兵伊拉克是「天賜入侵」。
2003年5月12日，沙烏地阿拉伯遭受恐怖攻擊，首都利雅德35人罹難，其中有9名美國人。
5月16日，摩洛哥大城卡薩布蘭卡也遭到恐攻，45人喪生（含12名自殺炸彈客）。
反美聖戰在伊拉克發展得特別快，不但招來大批遜尼派人民……
……也吸引很多外國志願者。
雖然海珊在12月被捕，伊拉克各地仍游擊戰不斷。

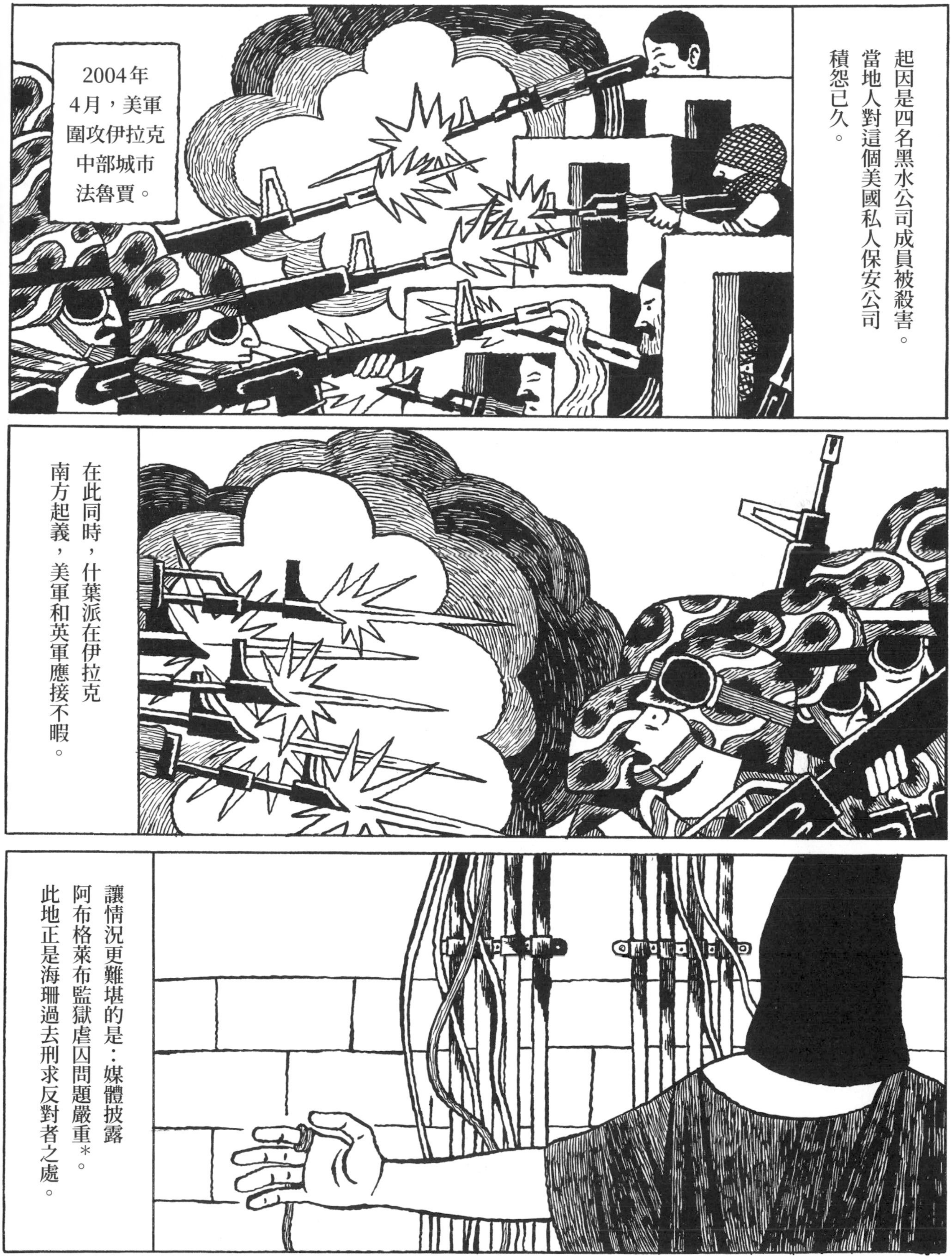

2004年4月，美軍圍攻伊拉克中部城市法魯賈。
起因是四名黑水公司成員被殺害。
當地人對這個美國私人保安公司積怨已久。
在此同時，什葉派在伊拉克南方起義，美軍和英軍應接不暇。
讓情況更難堪的是：媒體披露阿布格萊布監獄虐囚問題嚴重＊。
此地正是海珊過去刑求反對者之處。

＊ 參見第一冊第10頁。

2004年底，美國總統大選。小布希尋求連任，民主黨則推出凱瑞挑戰。
凱瑞甘冒不韙批判伊拉克戰爭。賓拉登也在投票前夕插上一腳，發表「給美國人的訊息」，
這立刻成為10月29日的新聞頭條。
我們會繼續讓美國流血，直到你們民窮財盡。
發動2001年9月11日的攻擊，蓋達才花了50萬美元；美國要收拾善後，卻花了5,000億美元。
蓋達每出一塊錢，就能耗掉美國100萬元。

這份聲明粗暴惡毒，但也給小布希壯了聲勢，讓他成功連任。

巴拉克・胡珊・歐巴馬
2008-2013
在遭遇經濟危機和對
小布希第二任任期失望後，
2008年11月，美國以
大幅差距選歐巴馬為總統。

新開始
歐巴馬是美國史上
第一位非裔總統。他的
父親是肯亞人，母親祖上
有歐洲多國血統。
他從小接受基督教教育。
不過，美國
右翼團體
說他是
穆斯林。

雖然歐巴馬試著展現自己的基督徒身分，還去華府的教堂做禮拜，但流言蜚語並沒有停止。
他出生的夏威夷州不得不公開他的出生證明。
歐巴馬決心讓全球反恐戰爭告一段落，集中力量對付蓋達組織。
他不斷空襲阿富汗和巴基斯坦邊界。
蓋達組織遭到重創。
他知道有件事非解決不可：拿下賓拉登。

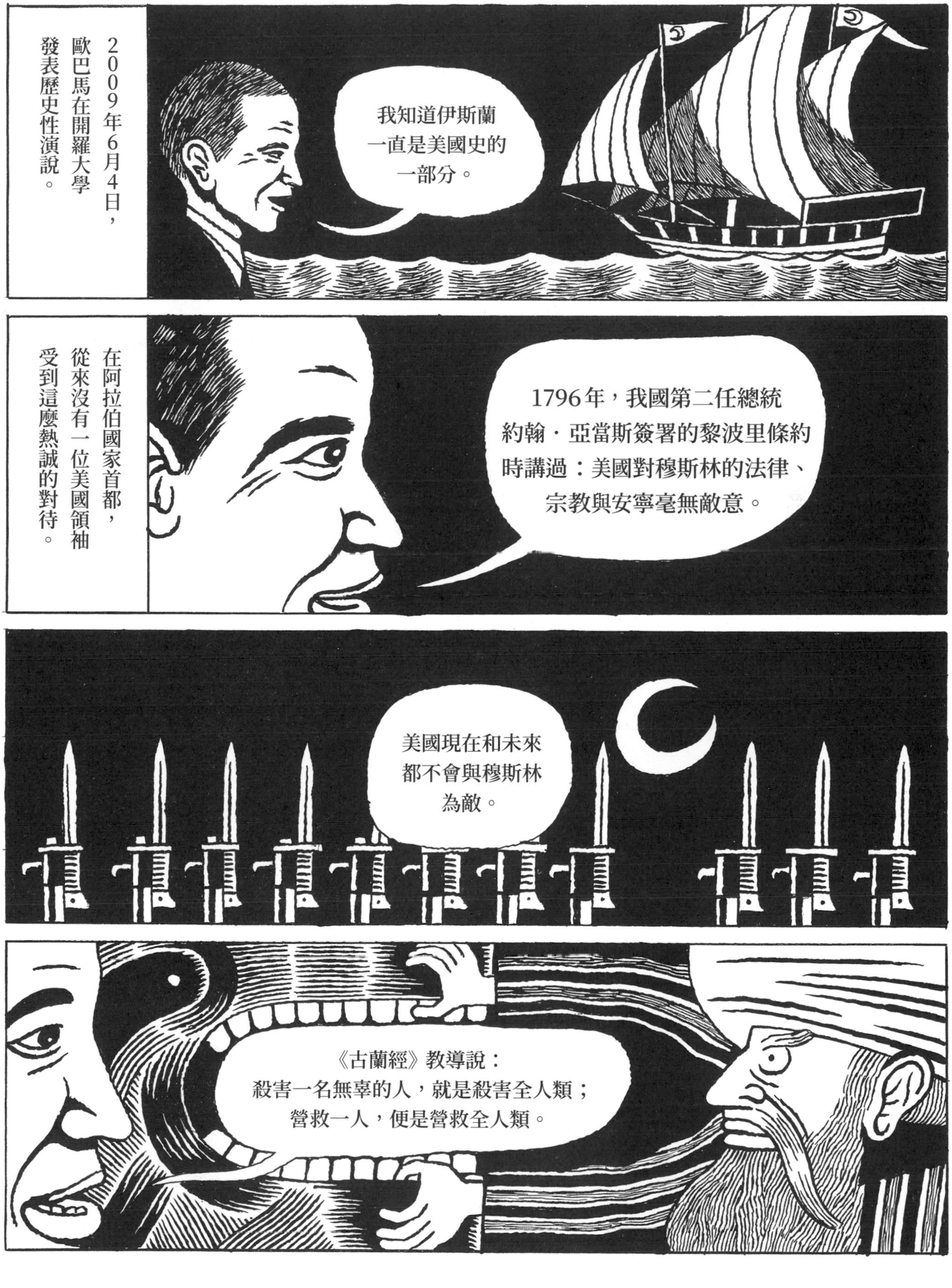
2009年6月4日，
歐巴馬在開羅大學
發表歷史性演說。
我知道伊斯蘭
一直是美國史的
一部分。
在阿拉伯國家首都，
從來沒有一位美國領袖
受到這麼熱誠的對待。
1796年，我國第二任總統
約翰·亞當斯簽署的黎波里條約
時講過：美國對穆斯林的法律、
宗教與安寧毫無敵意。
美國現在和未來
都不會與穆斯林
為敵。
《古蘭經》教導說：
殺害一名無辜的人，就是殺害全人類；
營救一人，便是營救全人類。

十億人的信仰
歷久彌新，遠遠勝過
少數人狹隘的仇恨。
在蘇伊士危機半個世紀之後，
美國似乎總算
被阿拉伯人接納了。
在我們對抗暴力
極端主義的過程中，
伊斯蘭並不是問題的
一部分，而是推進和平
的重要部分。
整個阿拉伯世界
向美國展現熱烈友誼。
對巴勒斯坦人
當前的處境，我們
無法坐視不顧。
但以色列與美國的特殊關係
一點也沒受影響。
對巴勒斯坦人對尊嚴、
機會和建立自己的國家
的合理期盼，美國不會
視而不見。

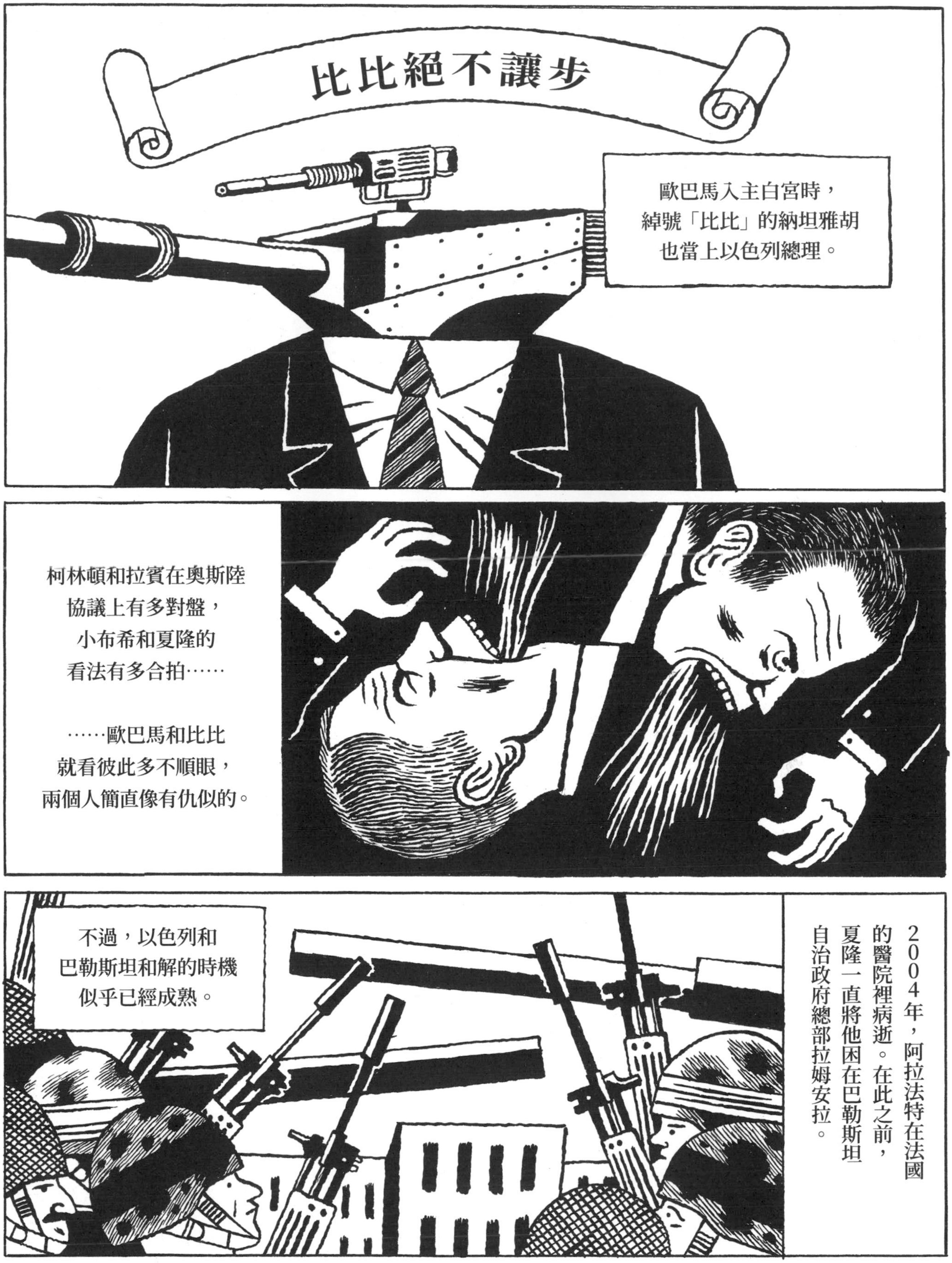
比比絕不讓步
歐巴馬入主白宮時，
綽號「比比」的納坦雅胡
也當上以色列總理。
柯林頓和拉賓在奧斯陸
協議上有多對盤，
小布希和夏隆的
看法有多合拍……
……歐巴馬和比比
就看彼此多不順眼，
兩個人簡直像有仇似的。
不過，以色列和
巴勒斯坦和解的時機
似乎已經成熟。
2004年，阿拉法特在法國
的醫院裡病逝。在此之前，
夏隆一直將他困在巴勒斯坦
自治政府總部拉姆安拉。

夏隆則在2006年1月陷入昏迷，從此再也沒有清醒，八年後過世。
阿巴斯繼阿拉法特為巴勒斯坦總統。由於他作風相當溫和，巴勒斯坦人說他活像公務員。
雖然哈瑪斯伊斯蘭主義者控制了加薩走廊，但他們被斬斷支援，也持續受到轟炸。
另一方面，以色列總理納坦雅胡鐵了心要殖民約旦河西岸。因為「大耶路撒冷」東部區域已融入以色列。

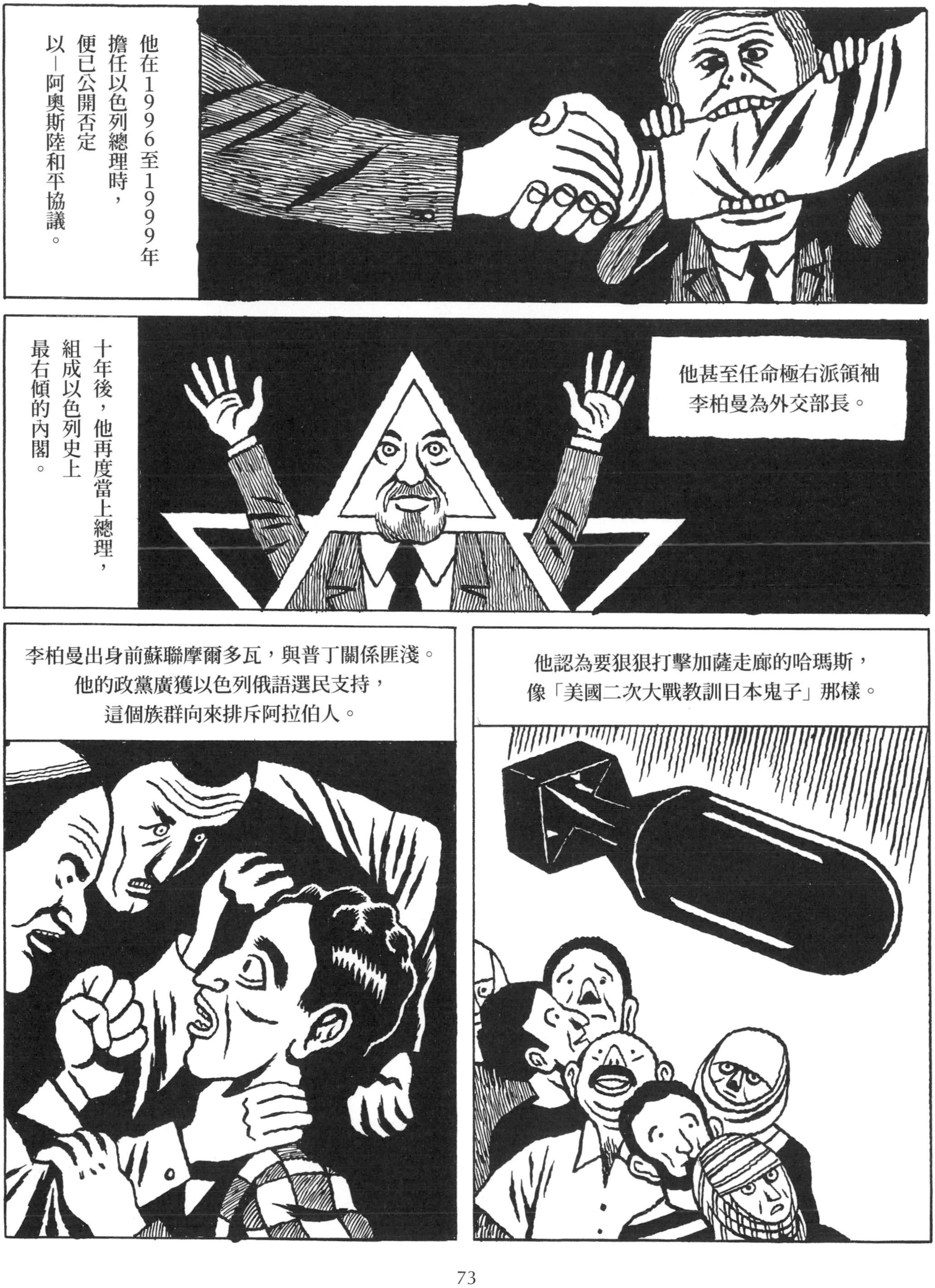
他在1996至1999年擔任以色列總理時，
便已公開否定
以—阿奧斯陸和平協議。
十年後，他再度當上總理，
組成以色列史上
最右傾的內閣。
他甚至任命極右派領袖
李柏曼為外交部長。
李柏曼出身前蘇聯摩爾多瓦，與普丁關係匪淺。
他的政黨廣獲以色列俄語選民支持，
這個族群向來排斥阿拉伯人。
他認為要狠狠打擊加薩走廊的哈瑪斯，
像「美國二次大戰教訓日本鬼子」那樣。

歐巴馬要求納坦雅胡自制，停止在巴勒斯坦領土興建新住宅的計畫。
納坦雅胡佯稱同意，但繼續大興土木。

2010年3月，美國副總統訪問以色列。納坦雅胡大剌剌宣布要在東耶路撒冷建一千八百間住宅。

2010年9月，歐巴馬在聯合國聲明：美國依舊支持巴勒斯坦獨立建國。

然而僅僅一年，歐巴馬在內政上焦頭爛額，
再加上有不少議員支持納坦雅胡，
他不敢在國會再開戰線。
他甚至否決讓巴勒斯坦加入聯合國的提案。
由於聯合國教科文組織投票支持巴勒斯坦
成為會員國，美國加以報復，不再資助該組織。
傑洛尼莫行動
歐巴馬將除掉賓拉登視為第一要務，
這項行動的代號是「傑洛尼莫」。

2010年7月，美國國家安全局攔截到科威迪的通訊，他是賓拉登的心腹傳信人。
8月，CIA在巴基斯坦白夏瓦目擊科威迪。
他們一路跟蹤，見他前往首都北部城鎮阿伯塔巴德，進入一座戒備森嚴的建築。
情報單位加強監視這棟建築，但沒有證據能證實賓拉登的確在此。
歐巴馬不贊成採用空襲，因為這可能無法辨明罹難者的身分。

他決定以直昇機載特種部隊發動奇襲。
2011年5月1日深夜，四架直昇機從阿富汗東部的美軍基地起飛。
突擊行動歷時40分鐘，歐巴馬親自坐鎮白宮戰情室觀看實況。
五人在行動中死亡。賓拉登頭部中彈斃命。
突擊隊員全數安全撤退，並帶走「傑洛尼莫」的遺體。
稍後DNA證實這位蓋達首腦確已死亡，歐巴馬親自宣布消息。

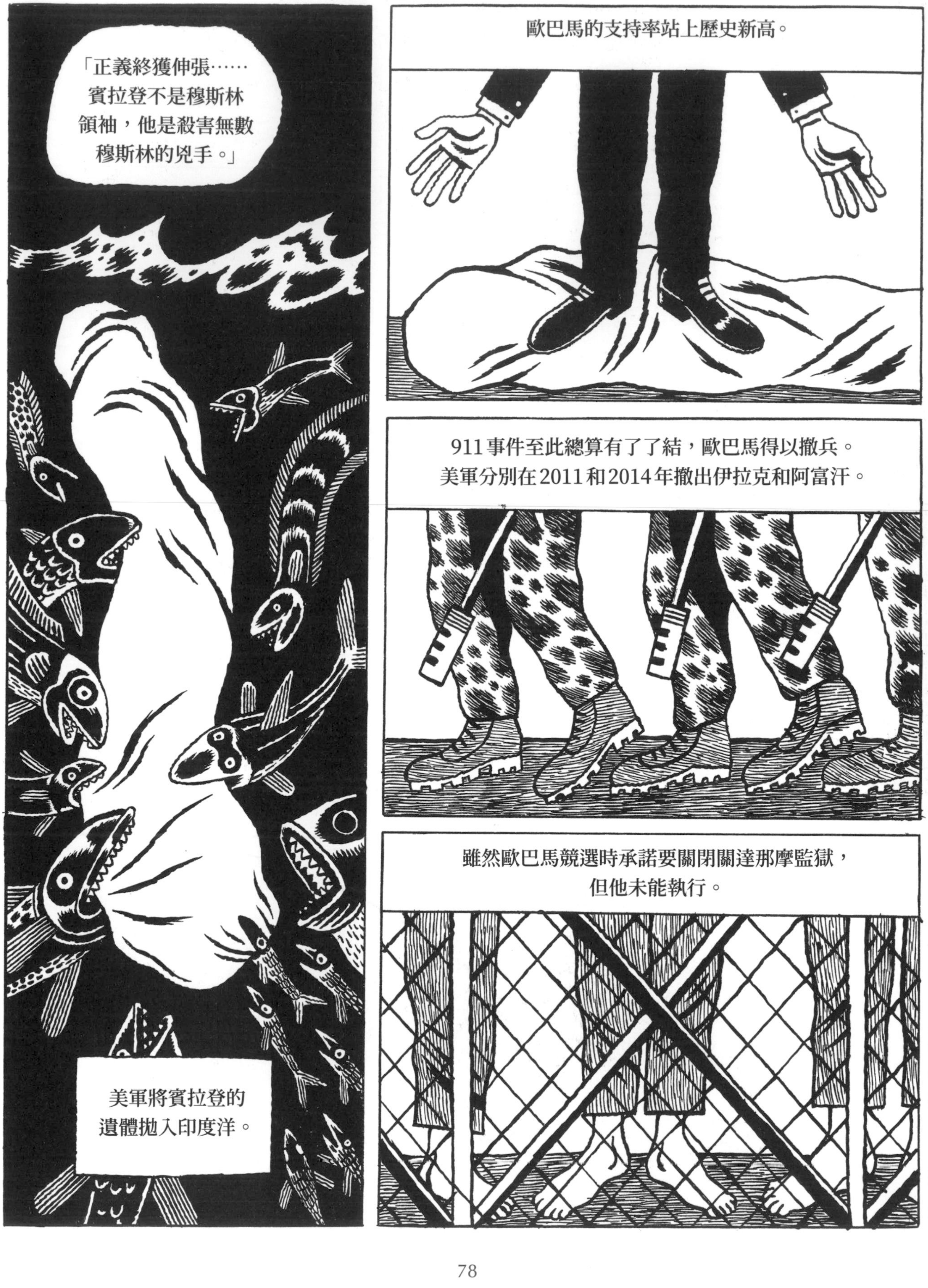
「正義終獲伸張……
賓拉登不是穆斯林
領袖，他是殺害無數
穆斯林的兇手。」
美軍將賓拉登的
遺體拋入印度洋。
歐巴馬的支持率站上歷史新高。
911事件至此總算有了了結，歐巴馬得以撤兵。
美軍分別在2011和2014年撤出伊拉克和阿富汗。
雖然歐巴馬競選時承諾要關閉關達那摩監獄，
但他未能執行。

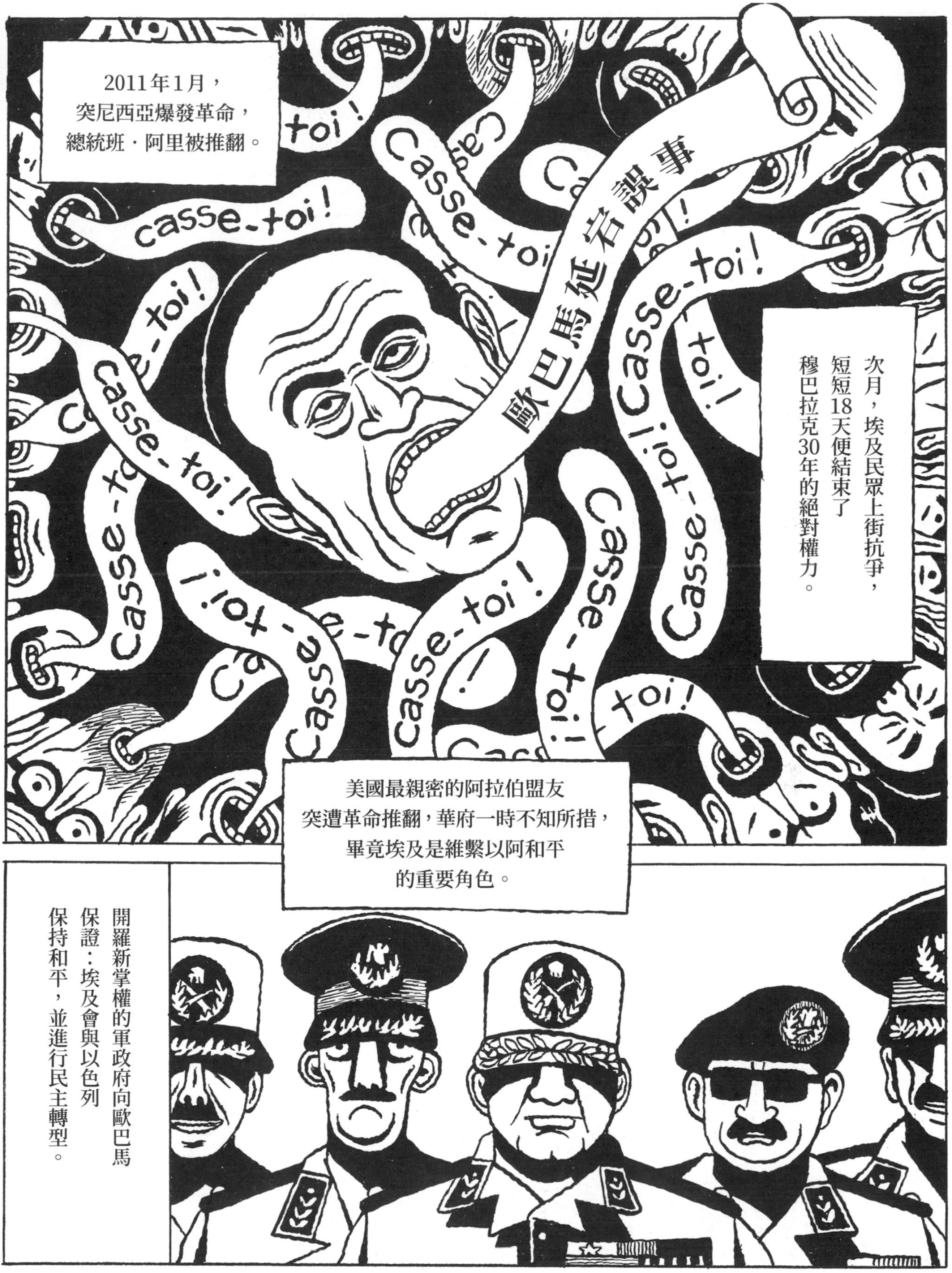
2011年1月，
突尼西亞爆發革命，
總統班・阿里被推翻。
casse-toi!
Casse-toi!
歐巴馬延宕誤事
次月，埃及民眾上街抗爭，
短短18天便結束了
穆巴拉克30年的絕對權力。
美國最親密的阿拉伯盟友
突遭革命推翻，華府一時不知所措，
畢竟埃及是維繫以阿和平
的重要角色。
開羅新掌權的軍政府向歐巴馬
保證：埃及會與以色列
保持和平，並進行民主轉型。

＊班・阿里下台！班・阿里滾蛋！

除了以色列之外，埃及是美國
軍事援助最大的受惠者。
美國駐開羅使館也是
外交網絡裡最重要的環節。
「阿拉伯之春」也傳到利比亞，
但遭1969年以來一直掌權的格達費
強力鎮壓。
雖然的黎波里仍受格達費政府掌控，
班加西隨即落入革命黨主持的
國家過渡委員會（NTC）手中。

2011年3月，薩科奇主政的法國率先出手，承認NTC為利比亞合法政府。
英國和美國隨後跟進。
歐巴馬很氣被薩科奇牽著鼻子走。
更讓他惱火的是，薩科奇居然在北約宣布法國空軍會支援NTC，不管美國支不支持都會。
對這前所未見的情況，白宮用美國有「幕後操盤」帶過。

2011年春，儘管敘利亞安全部隊的鎮壓手段殘暴無比，非暴力抗爭還是越來越多。
2011年8月，歐巴馬終於表明立場。
敘利亞的未來必須由敘利亞人民決定，但阿薩德總統已構成他們的阻礙……為了敘利亞人民的福祉，現在是阿薩德總統下台的時候了。
可是表態歸表態，白宮並不打算再親自淌渾水，弄得像處理利比亞革命時一樣灰頭土臉。
格達費死後，歐巴馬讓法國和英國去「解放」的黎波里。
此時，已是2011年9月。

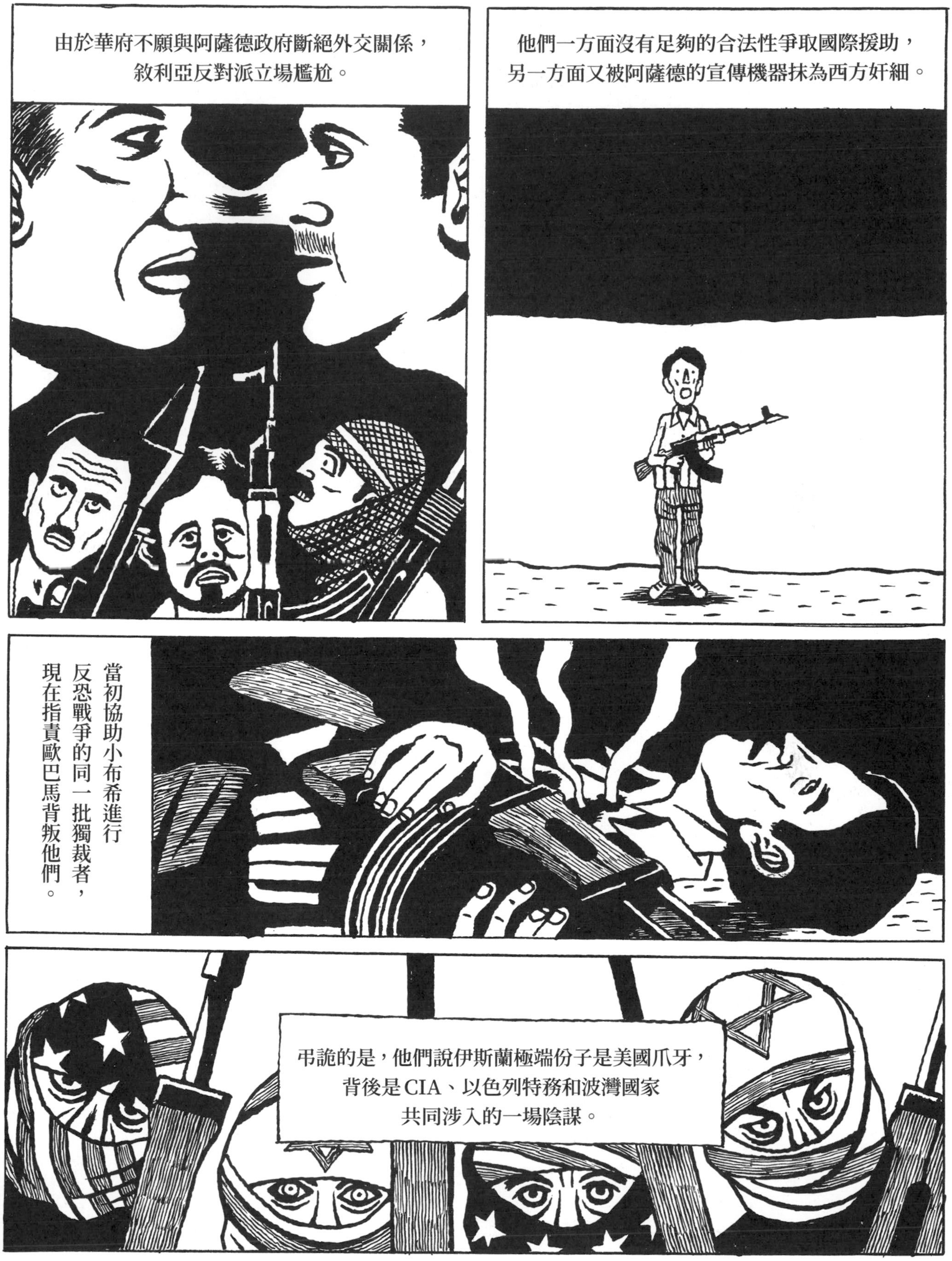
由於華府不願與阿薩德政府斷絕外交關係，
敘利亞反對派立場尷尬。
他們一方面沒有足夠的合法性爭取國際援助，
另一方面又被阿薩德的宣傳機器抹為西方奸細。
當初協助小布希進行
反恐戰爭的同一批獨裁者，
現在指責歐巴馬背叛他們。
弔詭的是，他們說伊斯蘭極端份子是美國爪牙，
背後是CIA、以色列特務和波灣國家
共同涉入的一場陰謀。

普丁認定真有其事，
派兵支援阿薩德。
事實上，俄國是為了
奪下美國留下的權力真空。
可是對歐巴馬來說，世界和美國的命運
並不繫於中東，而在於太平洋。
敘利亞革命派在毫無奧援的情況下，
只能化整為零，進行無組織的武力反抗。

連美國的特殊盟邦土耳其都求助無門：即使土國
邊境頻受敘利亞戰亂波及，北約仍不出手相助。

反對派屢遭阿薩德空襲，他們呼籲
設立禁航區，但被漠視。

恐怖不斷升高，屠殺平民的暴行愈演愈烈。

2012年8月，歐巴馬總算不再觀望，
給阿薩德政權畫出紅線：只要動用化學武器，
美國一定出手干預。

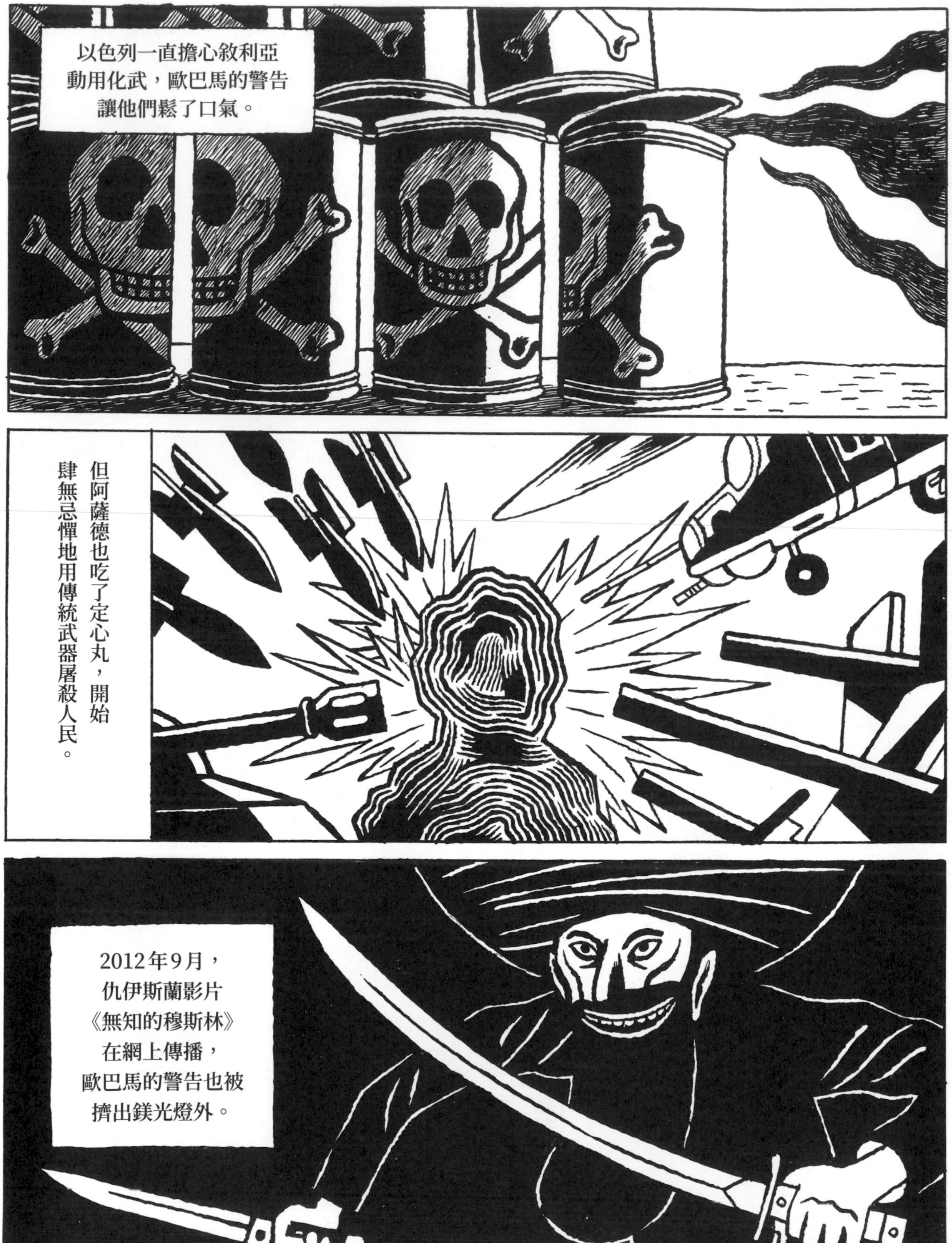
以色列一直擔心敘利亞
動用化武，歐巴馬的警告
讓他們鬆了口氣。
但阿薩德也吃了定心丸，開始
肆無忌憚地用傳統武器屠殺人民。
2012年9月，
仇伊斯蘭影片
《無知的穆斯林》
在網上傳播，
歐巴馬的警告也被
擠出鎂光燈外。

這部片其實是在加州拍的，
導演是出身埃及的基督教極端份子。
影片傳到開羅，
一時群情激憤，
穆斯林世界
興起反美示威。
不過三年以前，歐巴馬才在
開羅演說中譴責極端份子，
如今他卻得面對更多極端份子。
美國駐突尼斯和埃及
的使館遭到攻擊。

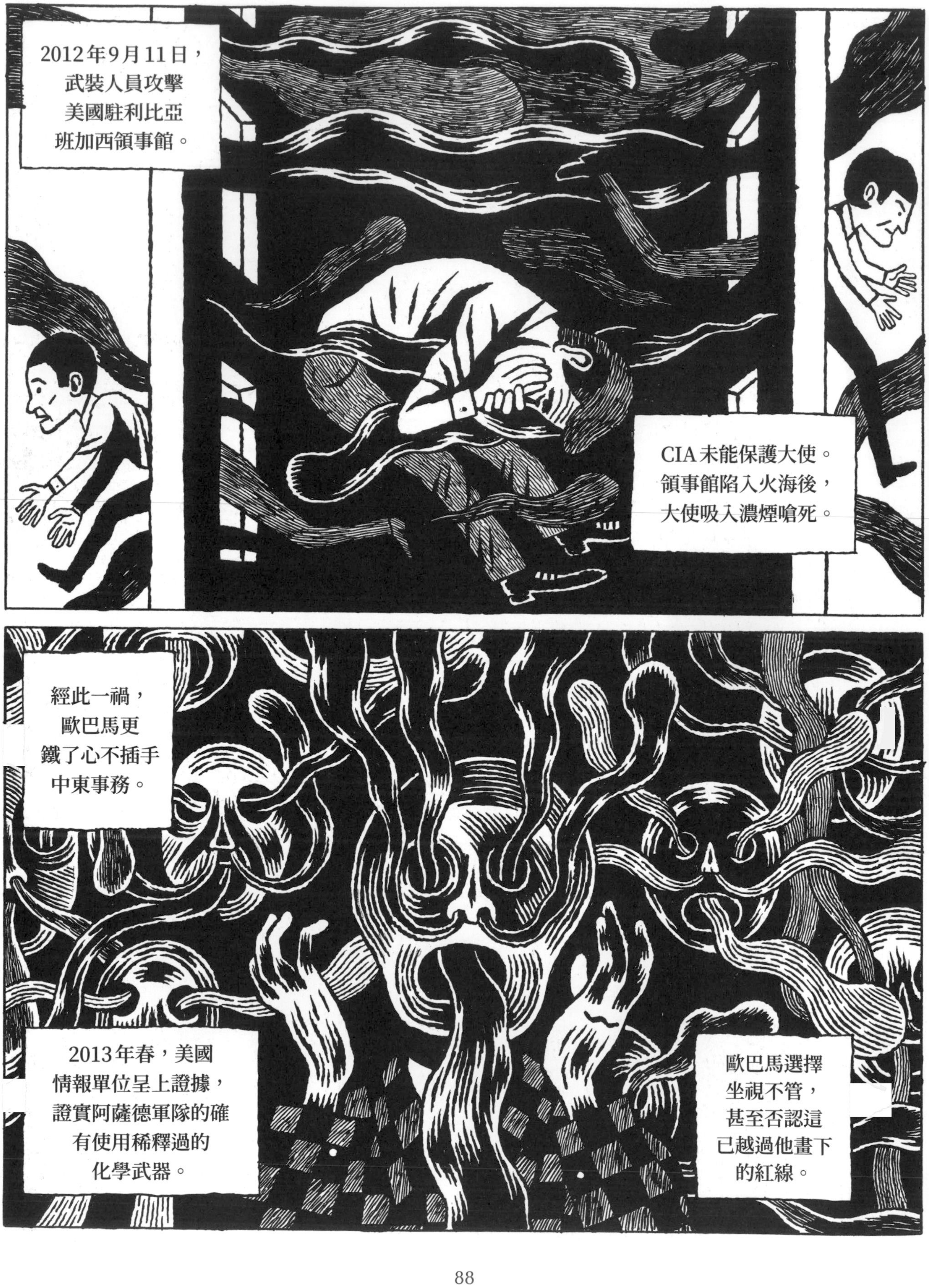
2012年9月11日，
武裝人員攻擊
美國駐利比亞
班加西領事館。
CIA未能保護大使。
領事館陷入火海後，
大使吸入濃煙嗆死。
經此一禍，
歐巴馬更
鐵了心不插手
中東事務。
2013年春，美國
情報單位呈上證據，
證實阿薩德軍隊的確
有使用稀釋過的
化學武器。
歐巴馬選擇
坐視不管，
甚至否認這
已越過他畫下
的紅線。

7月，埃及軍方推翻民選總統穆希，他是穆斯林兄弟會的成員，這個組織向來主張貫徹伊斯蘭傳統、伸張民族主義。
華府拒絕將這場變局視為政變，這樣就不必停止對埃及軍事援助。
2013年8月21日，敘利亞軍隊再出重手，合併使用化學武器和傳統火箭彈，攻擊大馬士革近郊由革命黨人掌控的地區。
美國譴責這是「道德暴行」，準備與法國和英國一起空襲特定目標。

8月31日，歐巴馬嚴詞譴責這場屠殺。
現在，經過審慎考慮之後，我決定美國應該採取軍事行動，打擊阿薩德政權重點設施。
雖然他說得義正辭嚴，他卻沒有立刻行動，反而宣布要取得國會同意。照規矩來說，這根本是多此一舉。
就這麼巧，國會這時是休會期，要到9月9日才開議。
莫斯科倒是提議：不如就由俄國來摧毀敘利亞的化學武器吧。
這樣一來，美英法三國也不需要軍事干預了。

阿薩德變本加厲
屠殺平民，甚至用上
很原始的殺傷武器：
裝滿黃色炸藥
和金屬零件的
大桶子。

這名獨夫敲響恐怖的
喪鐘，他控制的地區
開始出現飢荒。

歐巴馬讓美國
在中東的長久
努力付之東流。
雖然美國歷來
干預中東的理由
未必充分，
這次卻選在
狀況最糟的時候
抽手旁觀。

其所導致的惡果直到今天仍在發酵：
從巴基斯坦到利比亞，從土耳其到葉門，
百姓飽嚐戰爭、飢荒、流亡之禍，
而恐怖主義的浪潮已侵入歐洲和美國。

中英名詞對照
依照出現順序排列

1～20頁

倫斯斐 Donald Rumsfeld｜兩伊戰爭期間代表總統雷根訪問伊拉克，後出任美國國防部長（2001～2006）
喬治・布希 George H. W. Bush｜美國總統（1989～1993）
詹姆斯・貝克 James Baker｜美國政治人物，曾任國務卿（1989～1992）及白宮幕僚長（1992～1993）
迪克・錢尼 Dick Cheney｜美國政治人物，曾任國防部長（1989～1993）及副總統（2001～2009）
科林・鮑威爾 Colin Powell｜美國軍事家，曾任參謀長聯席會議主席（1989～1993）及國務卿（2001～2005）
雙重圍堵 dual containment
愛普蘿・格萊斯匹 April Glaspie｜美國駐伊拉克大使（1988～1990）
沙漠之盾 Desert Shield
蓋達 al-Qaeda
哈立德・本・蘇丹 Khalid bin Sultan｜波灣戰爭阿拉伯聯軍司令
史瓦茲柯夫 Schwarzkopf｜波灣戰爭多國部隊總司令
奧恩 Aoun｜黎巴嫩將領，曾對敘利亞發動解放戰爭，現為黎巴嫩總統（2016～）
塔里克・阿齊茲 Tariq Aziz｜伊拉克海珊政權外長（1983～1991）
巴斯拉 Basra｜位於伊拉克南部的阿拉伯河畔，伊拉克第一大港、第二大城
納傑夫 Najaf｜地名
卡爾巴拉 Karbala｜地名
艾比爾 Erbil｜地名
蘇萊曼尼亞 Sulaymaniyah｜地名
吉爾庫克 Kirkouk｜地名

21～40頁

裴瑞斯 Shimon Peres｜以色列政治人物，曾三度出任總理，1994年因推動簽署奧斯陸協議獲頒諾貝爾和平獎
納坦雅胡 Netanyahu｜以色列鷹派政治人物，綽號「比比」，數次出任外交部長及總理
查瓦希里 Ayman al-Zawahir｜蓋達組織要角，賓拉登死後成為蓋達首腦
穆巴拉克 Mubarak｜埃及總統（1981～2011），阿拉伯之春期間被推翻
阿迪斯・阿貝巴 Addis Ababa｜地名
馬蘇德・巴爾扎尼 Masoud Barzani｜庫德族領袖，曾為美國盟友，後投效海珊
賈拉勒・塔拉巴尼 Jalal Talabani｜庫德族領袖（與巴爾扎尼處競爭關係），2005年當選伊拉克總統
穆拉・歐瑪 Mullah Omar｜塔利班領袖
莫妮卡・陸文斯基 Monica Lewinsky｜與柯林頓發生醜聞的白宮實習生
安南 Kofi Annan｜聯合國秘書長（1997～2006）

41～60頁

起義 intifada
柯爾號 Cole
高爾 Al Gore｜美國副總統（1993～2001）
托拉波拉 Tora Bora｜地名

阿薩德 Bashar Hafez al-Assad｜敘利亞獨裁者，哈菲茲．阿薩德（Hafez el-Assad）之子，哈菲茲死後（2000）擔任敘利亞總統至今
班．阿里 Ben Ali｜突尼西亞總統（1987～2011），茉莉花革命中被推翻
伊本．謝克 Ibn al-Shaykh｜利比亞籍蓋達領袖，後遭美國俘虜
坎達哈 Kandahar｜阿富汗首都
多明尼克．德維爾潘 Dominique de Villepin｜法國總理（2005～2007）

61 ～ 80 頁

保羅．布雷默 Paul Bremer｜美國外交官，美軍占領伊拉克後擔任盟軍臨時政府長官
法魯賈 Fallujah｜伊拉克中部城市
阿布格萊布 Abu Ghraib
凱瑞 John Kerry
拉姆安拉 Ramallah
阿巴斯 Mahmoud Abbas
李柏曼 Avigdor Lieberman
摩爾多瓦 Moldova
科威迪 Abu Ahmed al-Kuwaiti
白夏瓦 Peshawar
阿伯塔巴德 Abbottabad
班加西 Benghazi
國家過渡委員會 NTC（National Transitional Council）

81 ～ 93 頁

薩科奇 Nicolas Sarkozy
穆希 Mohamed Morsi

FOCUS 13

棋逢對手

中東與美國恩仇錄

〈3〉1984～2013

LES MEILLEURS ENNEMIS

Une histoire des relations entre les États-Unis et le Moyen-Orient Vol.3

作　　者　尚－皮耶・菲柳（Jean-Pierre Filiu）
繪　　者　大衛・B（David B.）
譯　　者　朱怡康
責任編輯　林慧雯
美術設計　黃暐鵬

編輯出版　行　路
總 編 輯　林慧雯
副總編輯　賴譽夫

社　　長　郭重興
發行人兼出版總監　曾大福
發　　行　遠足文化事業股份有限公司　代表號：(02) 2218-1417
23141 新北市新店區民權路108之4號8樓
客服專線：0800-221-029　傳真：(02) 8667-1065
郵政劃撥帳號：19504465　戶名：遠足文化事業股份有限公司
歡迎團體訂購，另有優惠，請洽業務部 (02) 2218-1417分機1124、1135
法律顧問　華洋法律事務所　蘇文生律師
印　　製　韋懋實業有限公司
初版一刷　2019年9月

全套定價　1280元

國家圖書館預行編目資料

棋逢對手：中東與美國恩仇錄 (3) 1984～2013
尚－皮耶・菲柳 (Jean-Pierre Filiu)、
大衛・B (David B.) 著；朱怡康譯
－初版－新北市：行路出版：遠足文化發行，2019.09
冊；公分 (Focus 13；1WFO0013)
譯自：Les meilleurs ennemis: Une histoire des relations entre les États-Unis et le Moyen-Orient Vol.3
ISBN 978-986-96348-1-6 (第三冊：精裝)
1.美國外交政策　2.漫畫　3.中東
578.52　108011144